edition suhrkamp 2741

Die arbeitenden Klassen sind ökonomischer Konkurrenz ausgesetzt, machen Abstiegserfahrungen, erleben sich als austauschbar und sehen ihre Lebensweisen kulturell abgewertet. Es gibt eine Wut der »einfachen Leute«, die mit den Werten und Normen zusammenhängt, die sich in den vergangenen 200 Jahren in den popularen Klassen entwickelt haben. Mit dem Ethos der harten Arbeit. Dem Bewusstsein, dass man nichts geschenkt bekommt, dass einem aber Respekt für die eigenen Leistungen gebührt. Zu diesen Werten gehört auch ein egalitärer Geist: dass jeder gleich viel wert ist; ein Stolz darauf, »normal« zu sein; ein Gemeinschaftssinn mit Lokalpatriotismus und einer rebellischen, aber zugleich traditionellen Kultur.

Robert Misik beschreibt plastisch, mit Empirie und Empathie, wie sich die Werte der arbeitenden Klassen entwickelt haben – und wie sie von den falschen Freunden der »einfachen Leute« jetzt ausgenutzt werden. Man kann den Aufschwung des Populismus nicht erklären, so Misik, wenn man die verborgenen Verwundungen in einer Klassengesellschaft nicht versteht.

Robert Misik, geboren 1966 in Wien, ist Journalist und politischer Schriftsteller. 2019 erhielt er den Preis der Keynes-Gesellschaft für Wirtschaftspublizistik. 2018 erschien *Liebe in Zeiten des Kapitalismus.*

Robert Misik

Die falschen Freunde der einfachen Leute

Suhrkamp

Klimaneutral
Druckprodukt
ClimatePartner.com/14438-2110-1001

3. Auflage 2023

edition suhrkamp 2741
Originalausgabe

Satz: Satz-Offizin Hümmer GmbH, Waldbüttelbrunn
Druck: C. H. Beck, Nördlingen
Umschlag gestaltet nach einem Konzept
von Willy Fleckhaus: Rolf Staudt
Printed in Germany
ISBN 978-3-518-12741-4

www.suhrkamp.de

Inhalt

Einleitung: Kleiner Mann, was nun?

Man könnte leicht dem Eindruck erliegen, in der Geschichte wäre den »einfachen Leuten« selten mehr Aufmerksamkeit zuteilgeworden als heute. Sie sind in aller Munde. Jeder sorgt sich um »das Volk«. Die politische Essayistik seziert seine Probleme und staunt über sein Tun. Die Wissenschaft befasst sich mit seinen Verwundungen. Die Sozialpsychologie denkt sich in ihn ein – in den viel zitierten »kleinen Mann«. Die einfühlende Soziologie schwärmt aus und hört ihm zu, sammelt und systematisiert seine Erzählungen, die Beschwernisse seines Lebens und seine Wünsche.

Ressentimentgetriebene Populisten und Rechtsextremisten wiederum schwingen sich zu den Fürsprechern der »einfachen Leute« auf, für die sich, so wird durchaus begründet behauptet, die »Eliten« nicht mehr interessieren. Demokratische Linksparteien wiederum versuchen verzweifelt zu ergründen, warum die kommunikativen Fäden zu den »normalen Leuten« abgerissen sind. Sehr oft ist dieses Nachdenken überaus voraussetzungsreich: Mal wird unterstellt, das »einfache Volk« sei gewissermaßen dumm und deshalb leicht manipulier- und verhetzbar; dann wiederum, es sei im Innersten gut, trage das Herz am rechten Fleck. In ihm schlummere gewissermaßen das »Echte«, das »Wahre« und vor allem ein egalitärer Geist, der von rechtsextremen Protestpolitikern lediglich fehlgeleitet werde. Beliebt ist auch die Deutung, die demokratischen Linksparteien seien zwar gleichsam die natürliche Vertretung dieser kleinen Leute, hätten vor dieser historischen Aufgabe aber versagt, indem sie sich an den

Neoliberalismus anpassten. Dabei schwingt dann leicht die Diagnose – oder Rezeptur – mit, diese Parteien müssten nur wieder eine Sozial- und Wirtschaftspolitik betreiben, die die »ökonomischen Interessen« der normalen Leute ins Zentrum rücke, und schon würden die Angehörigen der entsprechenden Milieus, verlorenen Schäfchen gleich, zu ihren angestammten Vertretungen zurückkehren. Also: Reichensteuern, bezahlbare Pflege, ordentliche Mindestlöhne, günstige Wohnungen schaffen, einen zweiten Arbeitsmarkt für diejenigen, die am normalen Arbeitsmarkt keine Chancen mehr haben, und hundert weitere Maßnahmen – und schon wäre das Glaubwürdigkeitsproblem aus der Welt. Nicht immer, aber sehr oft geht mit dieser Deutung ein regelrechter Proletkult einher, der alles, was »das Volk« so denkt, fühlt, treibt und liebt, mit einer Romantik des Authentischen verbindet, und dessen Anhänger sich ein Volk imaginieren, das voller Würde, Großzügigkeit, Lebendigkeit ist, getragen von einer Moral, die zweifellos besser sei als die heute hegemonialen Ethiken, die Erfolg vergöttern, eine Winner-Mentalität stärken und einem Kult des Individuellen huldigen.

Zu den stillschweigenden Voraussetzungen zählt natürlich auch, dass dieses »einfache Volk« auf der sozialen Stufenleiter irgendwo im unteren Bereich, jedenfalls keineswegs im oberen Segment zu finden ist. Freilich bleibt die soziale Standortbestimmung meist im Ungefähren. Selten werden die »einfachen Leute« pauschal als die Unterschicht oder als die Armen definiert. Eher ist es ein Puzzle von Milieus und Lebenslagen, zu denen gehören: die Armen und die Unterschichten, die unteren und die mittleren Mittelschichten. Menschen, die am Land oder in kleinen Städten wohnen. Arbeitslose um die fünfzig, der Installateur, der im Sozialbau lebt, aber auch Facharbeiterinnen, Verkäufer und sogar mittlere Angestellte mit Einfamilienhaus und zwei Autos in der Einfahrt. Weiters die Bewohner unterprivilegierter Stadtviertel, der Scherbenviertel, in denen man von Gentrifizierung noch nichts gesehen oder gehört hat und in deren Hauptstraßen die Eckkneipen und Nahversorgungsläden nach und nach zusperren, wo die Geschäfte leer und zugenagelt sind oder wo höchstens Dönerbuden und Wettbüros aufmachen. Wenn schon nicht der Kontostand, dann, so lautet die – gelegentlich explizite, meist jedoch implizite – Vermutung, verbinde die als »die einfachen Leute« apostrophierten Bevölkerungsgruppen ein gewisses Set an Werten, Haltungen und Überzeugungen. Dass die Rollen von Mann und Frau noch eher klassisch definiert würden, dass man mit zeitgenössischen Gender-Ideen eher wenig am Hut habe, dass man traditionellen Wertvorstellungen anhänge und mit den intellektuellen Spleens »postmoderner urbaner Mittelschichten« nur wenig anfangen könne. Man sei in diesen Milieus zwar keineswegs intolerant, müsse diese Toleranz aber nicht als modische »Diversity-Begeisterung« vor sich her tragen. Ein »Leben und leben lassen«, dass jeder nach seiner eigenen Fasson glücklich werden soll, ein gewisser Grundrespekt gegenüber Kolleginnen und Nachbarn werden durchaus ebenfalls zur Moralgrundausstattung der »kleinen Leute« gerechnet. Man konsumiere lieber Bier als Getränke mit seltsamen Namen und komischen Farben, wobei der Aperol Spritz langsam auch in der Welt der »einfachen Leute« Anerkennung findet.

»Einfache Leute«, das kann eine leicht herablassende Zuschreibung seitens jener sein, die sich nicht als »einfache Leute« fühlen – aber sehr viel häufiger ist es die stolze Selbstbeschreibung derer, die sich diesen Milieus der »Normalen« zurechnen. »Da, wo ich lebe«, formulierte es eine Frau aus Österreich einmal auf Twitter, »bedeutet ›einfacher Mensch‹

›anständiger Mensch‹, weil man ein bescheidenes (oder weniger bescheidenes) Auskommen hat, das man mit ehrlicher Arbeit (meistens körperlicher) erschafft.«

Wichtig ist bei dieser Projektion des »kleinen Mannes«, dass man ihn sich in aller Regel als einheimischen, weißen Mann – oder als einheimische, weiße Frau – vorstellt. Zwar können alle ökonomischen und sozialen Charakteristika, die hier schnell und karikaturhaft skizziert wurden, auch auf Migranten und Migrantinnen zutreffen, aber die »einfachen Leute« kommen in diesem halb diskursiv, halb durch das reale Leben erzeugten Bild doch eher selten als Türken, Afghanen oder Pakistaner vor. Serben, Kroaten oder Polen können es, etwa in Deutschland oder Österreich, vielleicht zu einer Art Anwartschaft auf den zweifelhaften Ehrentitel »kleiner Mann« bringen, aber das auch nur, wenn sie vierzig Jahre fleißig geschuftet haben und einigermaßen fehlerfrei die Landessprache beherrschen. Und selbst dann bleibt es eben bei der Anwartschaft, auf die letztlich fast nie die völlige Aufnahme ins diffuse Allgemeine – »das einfache Volk« – folgt.

In jedem Falle gehört das, was von der früheren »Arbeiterklasse« übrig geblieben ist, zum »Volk«, also zur vielgesichtigen Menge der »einfachen Leute«. Zugleich ist das Volk aber auch irgendwie mehr als diese Arbeiterklasse. Dieses Mehr könnte man in soziologischen Begriffen exakt zu beschreiben versuchen, was einem freilich auch nicht wirklich weiterhelfen würde. Denn was die »einfachen Leute« vor allem auszeichnet, ist die Diffusität der Kategorie selbst.

Wir sehen also: Zu den Seltsamkeiten, an denen unsere Zeit ohnehin nicht arm ist, gehört die Tatsache, dass wir nicht recht wissen, wie wir zu den Leuten da draußen vor unserer Türe überhaupt sagen sollen. Klar, wir sind alle Bürger und Bürgerinnen unseres jeweiligen Gemeinwesens, und zusammen bilden wir die Bevölkerung. Aber gerne wird eben auch vom »Volk« gesprochen, und da beginnen die Probleme schon. Das »Volk« ist schließlich ebenfalls mit Projektionen aufgeladen, der Begriff umkämpft, und es ist unklar, wer dazugehört. Selbst in seiner unschuldigsten Schwundform schwingt im Begriff »Volk« eine Homogenität mit, die »Bevölkerung« gerade nicht hat.

Man redet lieber vom »kleinen Mann«, von den »einfachen Leuten«, dem »normalen Volk« oder wie die Phrasen alle heißen. Vom »regular guy« reden die Amerikaner. Nun kann man natürlich sagen: Es gibt kein Volk, sondern nur eine Bevölkerung. Das ist zwar einerseits richtig, wird aber andererseits nicht alle überzeugen – vor allem die nicht, die sich aus Gründen, die sie oft wahrscheinlich nicht allzu präzise angeben können, als das »normale Volk« betrachten.

Wer heute vom »Volk« spricht, meint also meist nur einen Teil des Volkes, also der Bevölkerung, der sich durch bestimmte Eigenarten auszeichnet. Erstens versteht es sich selbst als das »einfache Volk«, das respektlos behandelt oder ignoriert wird, und zwar von »ihnen«. »Ihnen«, das können sein: die Politik, die Eliten, die Mittelschichten, die auf die Konventionen und kulturellen Identitäten der einfachen Leute herabschauen, die globale Klasse, dieses ganze »Sie«. Dieses »Sie« zeichnet sich dadurch aus, dass es nicht da ist, sondern fern – fern der Viertel, in denen das »einfache Volk« lebt, fern der Kleinstädte, fern der Arbeiterwirtshäuser, fern der Biergärten, Würstelbuden, Fußballplätze oder der Rohbauten, an denen man sich die Hände schmutzig machen kann. »Das Volk«, so die Behauptung, ist grundlegend wütend, zornig oder ressentimentbehaftet.

Dieses »einfache Volk«, so wird stillschweigend vorausgesetzt, hat überdies bestimmte Werte und Normen, denen es folgt. Dass man sich nicht hervortun, kein Kollegenschwein sein soll. Dass jeder so viel wert ist wie jeder andere. Wer sich als Teil der »einfachen Leute« sieht, ist einerseits stolz darauf und grenzt sich ab: gegen Großtuer, Leute, die nur reden, aber nicht tun, vielleicht auch gegen Studierte. Sie oder er ist einerseits stolz auf jene Kinder des eigenen Milieus, die es nach oben geschafft haben, aber nichts hasst er oder sie mehr als Leute, die vergessen haben, woher sie kommen. Schon die Redewendung vom »einfachen Volk« kommt ohne ein gewisses Ressentiment nicht aus, ohne Abgrenzung: Das Andere muss gar nicht explizit angesprochen sein, es konstituiert das »einfache Volk«. Ohne »Die da oben« kein »einfaches Volk«.

Gäbe es nicht diese weitverbreiteten (Selbst-)Bilder vom »einfachen Volk«, würde die Rhetorik der Populisten kaum funktionieren. Die schwingen sich bekanntlich zu dessen »eigentlicher« Vertretung auf. Parteien, die bei Wahlen oft nur 12, 18 oder 24 Prozent der Stimmen erhalten, können sich so als »die Stimme des Volkes« bezeichnen, das nicht gehört wird. Obwohl also objektiv allenfalls eine Stimme einer Minderheit, wird diese Minderheit als etwas verstanden, was das Ganze repräsentiert, und umgekehrt kann jemand, der eigentlich die Zustimmung der Mehrheit hinter sich hat, im Extremfall als »Feind des Volkes« hingestellt werden. Das wäre eine völlig irrsinnige rhetorische Operation, gäbe es nicht die unausgesprochene Vorstellung, dass ein bestimmter Teil der Bevölkerung »Volk« ist – und alle anderen eben nicht.

Die These, dass dieses Volk ungehört bleibt, politisch nicht repräsentiert ist, kulturell belächelt und irgendwie an den

Rand gedrängt wird, ist sicherlich nicht ganz falsch. Zugleich ist »das Volk« aber von falschen Freunden umschwirrt.

Da sind zunächst natürlich die extremen Rechten und Populisten, die den stummen Groll im Volk in Wählerstimmen ummünzen wollen, indem sie Wut und Zorn noch anstacheln, sich als die Fürsprecher der einfachen Leute ausgeben und ihnen erfolgreich einreden, es würde ihnen besser gehen, wenn es anderen schlechter ginge. Kaum sind sie in der Regierung und könnten ihren sozialnationalistischen Volksgemeinschaftspopulismus verwirklichen, verkaufen sie die einfachen Leute natürlich sofort. Dann wird, wie in Österreich, das öffentliche Gesundheitssystem an allen Ecken ausgehungert und das ersparte Geld reichen Schönheitschirurgen zugeschanzt. Der Zwölfstundentag wird ermöglicht, die betriebliche Interessensvertretung geschwächt. Steuererleichterungen für Reiche werden eingeführt oder ein »Kinderbonus« im Steuersystem, der denen, die es am dringendsten bräuchten, gar nichts bringt, den mittleren Einkommen ein paar hundert Euro im Jahr und nur den Spitzenverdienern ein richtig fettes Zubrot. Oder es wird gleich ein »Sklavengesetz« verabschiedet wie in Ungarn, das es Managern erlaubt, die Beschäftigten zu 400 Überstunden im Jahr zu vergattern – de facto unbezahlt, denn abgegolten werden müssen sie erst innerhalb von drei Jahren. Die verschiedenen Untergruppen der »einfachen Leute« werden gegeneinander aufgehetzt, Inländer gegen Ausländer, Beschäftigte gegen Arbeitslose, angebliche Fleißige gegen Faule, Leute mit ein bisschen Wohlstand gegen die Armen, nur um das in Zwist versetzte Volk besser regieren zu können. Die Liste ließe sich endlos fortsetzen, allein, es weiß ohnehin jeder: Die extremen Rechten setzen sich wortreich für das Volk ein und verkaufen es dann an die wirtschaftlich Mächtigen. Letztlich ist das auch den Wählern der Radikalen klar. Gewiss, manche erhoffen sich tatsächlich, dass die Rechten »Politik für das Volk« machen. Aber die allermeisten haben eher das Gefühl, dass ohnehin keine politische Partei – weder die radikalen Rechten noch die Konservativen, noch die traditionellen Linken – eine Wirtschafts- und Sozialpolitik betreiben würde, die ihren Interessen folgt. Wenn diese Aspekte aber an Bedeutung für die Wahlentscheidung verlieren, werden Thematiken wie »Migration«, »ethnische Homogenität«, aber auch Wertefragen wie »Familie«, »Tradition«, »Normalität« wichtiger. »Unter diesen Umständen können kulturelle Themen so bedeutend werden, dass Einkommen und Wahlentscheidung überhaupt keine Korrelation mehr haben«, schreibt dazu der amerikanische Politikwissenschaftler Justin Gest.[1]

Es gibt allerdings noch andere zweifelhafte Freunde: Da sind Medienleute aller Schattierungen, die ihre Vorstellungen davon haben, wie »das Volk« so tickt. Da sind aber auch Politiker und Aktivisten nichtpopulistischer Parteien, die sich an die »einfachen Leute« anbiedern wollen, weil sie sich als Konkurrenten der Populisten im Kampf um den kleinen Mann sehen. Diese Freunde der einfachen Leute haben oft völlig fantastische Bilder im Kopf, die das Volk mal idealisieren, mal zum Klischeevolk herabwürdigen. Das Falsche an dieser Freundschaft beginnt bereits damit, dass man sich ein »Volk« imaginiert, ohne das wirkliche Volk überhaupt zu fragen, ob es sich so denn richtig beschrieben fühlt – ja nicht selten, ohne diesem »einfachen Volk« je begegnet zu sein. Man hat seine Vorstellungen vom »Volk«, die nicht ganz falsch sein müssen, die aber der realen Buntscheckigkeit dessen, was wir die »popularen Klassen« nennen können, nicht einmal im Entferntesten gerecht wird.

Die »einfachen Leute« haben heute Hochkonjunktur, weil

überall auf der Welt eine scheinbar populare Revolte politische Haudegen nach oben bringt, von Trump bis Orbán, von Bolsonaro bis Duterte, von Herbert Kickl bis Boris Johnson. Die schnelle Analyse, die nicht ganz falsch, aber auch nicht ganz richtig ist, lautet, dass die sozialmoralischen Großmilieus, die man mit dem Begriff der »einfachen Leute« unscharf zeichnet, die Träger dieser Revolte sind. Das ist, wie gesagt, halb richtig und halb falsch. Einerseits stimmt: Teile dieser Milieus sind für die klassischen demokratischen Parteien nicht mehr erreichbar, sie fühlen sich betrogen und verraten und zählen zum Wählerreservoir eines aggressiven Populismus. Aber: Bei Weitem nicht alle, noch nicht einmal die Mehrheiten dieser Milieus sind für einen ethnonationalistischen Autoritarismus à la Trump oder Björn Höcke.

Ich versuche in der Folge, mit einigen Irrtümern aufzuräumen – und mit »aufräumen« ist dabei gar nicht unbedingt gemeint, sie völlig zu verwerfen, sondern sie zu korrigieren, ein neues Licht auf sie zu werfen. Dort nämlich, wo sie zu oberflächlich sind, zu unterkomplex. Dabei möchte ich mich auf zwei Thesen konzentrieren, die zuletzt sehr populär geworden sind. Erstens: Die weiße Arbeiterklasse habe sich zu einem homogenen Wutmilieu entwickelt, das ein fester Wählerpool für rechtsextreme Parteien geworden sei. Das ist, so versimpelt, nicht nur in dieser Allgemeinheit falsch, die Behauptung lebt meist von den schon kurz skizzierten Fantasien über die »Arbeiterklasse«, die in aller Regel völlig klischeegetrieben sind.

Unterkomplex ist außerdem die Vorstellung, der Aufstieg des rechten Populismus sei nur die Folge von ein oder zwei gesellschaftlichen Tiefendynamiken, also im aktuellen Fall etwa der Entfremdung der einheimischen, weißen Arbeiterklasse von den zeitgenössischen Progressiven. Deren »politische Korrektheit« bringe die »normalen Leute« auf die Palme, die linke »Identitätspolitik« treibe sie den Rechten förmlich zu. Auch hier gilt: Nicht völlig falsch, aber bei Weitem viel zu einfach gedacht (mehr dazu unten in Kapitel 7).

Für den Aufschwung der radikalen Rechten gibt es nicht nur viele Gründe, es sind auch – zusätzlich zur eben angerissenen – die unterschiedlichsten Diagnosen im Umlauf. Von Jahr zu Jahr werden es mehr, und oft streiten die Analytiker bis aufs Messer, welche Diagnose denn nun die richtige ist. Dabei können natürlich alle Diagnosen gleichzeitig richtig sein – schließlich ist die Wirklichkeit immer eine Kombination von verschiedenen Faktoren, und einzelne Diagnosen, die als *die* Erklärung präsentiert werden, sind letztlich nur einzelne Puzzleteile für das Verständnis einer komplexen Wirklichkeit. Deshalb will ich zunächst einen kurzen Überblick über einige Erklärungsversuche für den Aufstieg rechter Populisten geben, bevor ich mich den eigentlichen Themen dieses Essays zuwende: der zeitgenössischen *Wirklichkeit der popularen, arbeitenden Klassen* und den *Ambivalenzen der »Identitätspolitik«*.

1. »Eine Revolte gegen die Globalisierung«

Beginnen wir mit den Theorien, die für die Diagnose einer allgemeinen Gereiztheit noch keine sozialen Spezialbefunde benötigen, weil sie nicht unbedingt von einer besonderen Anfälligkeit einzelner Milieus ausgehen. Der Klassiker ist hier die These von der »Politikverdrossenheit«.

Das Wort kam in den achtziger Jahren auf, das Phänomen wurde schon vorher erahnt. Bereits 1973 stellte der deutsche Politikwissenschaftler Wilhelm Hennis fest: »Die Distanz zwischen politischem Personal und ›Volk‹ ist größer geworden, sie ist heute vielleicht größer als in Weimar, ja selbst im Bismarckreich. Der ›Parteienstaat‹, Grundlage der parlamentarischen Demokratie, ist nicht so gesichert, dass er nicht im Namen des ›Volkes‹ erneut in Frage gestellt werden könnte.«[1]

Etwas mehr als zehn Jahre später schrieb der französische Soziologe Pierre Bourdieu, wir würden von Politik »überflutet«, vom »unentwegten und wechselseitigen Strom des täglichen Geschwätzes über die vergleichbaren Chancen und Verdienste von austauschbaren Kandidaten«.[2] Bourdieu skizziert mit dünnen Strichen, wie sich die Politik gewandelt hat. Sie werde nicht mehr von Menschen betrieben, die die Ideale oder auch nur die organisierten kollektiven Interessen ihrer Unterstützer verträten, sondern von Menschen, welche die Politik zu einem normalen Beruf gemacht hätten. Im Gemeinwesen entstünde so ein »Feld der Politik«, auf dem spezialisierte Experten agieren. Entscheidend sei dabei allein die Eindruckskonkurrenz (etwa im Fernsehen), bei der Politiker versuchen, wählbarer zu wirken als ihre Rivalen. Zwar seien die Politiker, also die Experten dieses Feldes, durchaus weiterhin rückgebunden an die Laien (denn von denen müssen sie regelmäßig gewählt werden), aber das sei im Grunde schon alles, was sie von der Gemeinschaft der Experten auf anderen Feldern – etwa den Kardiologen, Mathematikern oder Tiefbauingenieuren – unterscheide. Weil der Erfolg des Politikers jedoch nicht primär an seiner Kompetenz hänge, sondern an der Fähigkeit, Kompetenz darzustellen, entschieden am Ende nicht die besseren Ideen, sondern das größere Showtalent. Zugleich kapsle sich das Feld der Professionellen immer mehr von der Bevölkerung ab, die zunehmend den Eindruck habe, dass es bei dem politischen Hin-und-Her-Gerede gar nicht um sie geht. In den Augen der Leute entwickelten sich eine Geschwätzigkeitskultur und ein politisches Establishment, das Rivalität zwar inszeniere, in Wirklichkeit aber in Komplizenschaft verbunden sei.

Im Prinzip war da schon alles gesagt, was dann in die gängigen Politikverdrossenheitsdiagnosen Eingang fand. Übrigens: Der Begriff wurde 1992 von der Gesellschaft für deutsche Sprache zum Wort des Jahres gekürt, und zwei Jahre später fand er Eingang in den Duden.

Spätere Diagnosen schlugen jedenfalls in eine ähnliche Kerbe, etwa Colin Crouch mit dem von ihm geprägten Schlagwort von der »Postdemokratie«: »Der Begriff bezeichnet ein Gemeinwesen, in dem zwar nach wie vor Wahlen abgehalten werden, Wahlen, die sogar dazu führen, daß Regierungen ihren Abschied nehmen müssen, in dem allerdings konkurrierende Teams professioneller PR-Experten die öffentliche Debatte während der Wahlkämpfe so stark kontrollieren, daß sie zu einem reinen Spektakel verkommt [...]. Die Mehrheit der Bürger spielt dabei eine passive, schweigende, ja sogar apathische Rolle, sie reagieren nur auf die Signale, die man ihnen gibt.«[3]

Dieses postdemokratische Arrangement bedrohe die Demokratie: erstens durch innere Auszehrung, durch Passivität und Privatismus. Und zweitens weil, während sich die Bürger nicht mehr für Politik interessieren, die Regierung von interessierten Kräften gekapert werde – von Lobbys, Meinungsforschern, Beratern und anderen Dunkelmännern.

Bis zu einem gewissen Grad ist »Politikverdrossenheit« eine Folge der liberalen Demokratie, noch dazu in zunehmend pluralistischen Gesellschaften, in denen nicht länger starke Klassenbewegungen den Unterbau der Parteienpolitik bilden. Die liberale repräsentative Demokratie beruht auf einer Reihe von Prämissen: Die Bürger wählen Repräsentanten. Der Staat achtet die Rechte und die Privatsphäre der Bürger. Die öffentlichen Dinge werden zwischen den Wahlgängen von Bürokraten und eigens gewählten berufsmäßigen Politikern erledigt. Diese Form der Demokratie zieht apathische Bürger in gewissem Sinne vor, der Privatismus ist kein Fehler, sondern praktisch so vorgesehen. Das liberale Demokratiemodell steht daher, um es mit den Worten des amerikanischen Politikwissenschaftlers Benjamin Barber zu sagen, für eine »magere Demokratie«, nicht für eine »starke«.[4]

Das fällt nur nicht auf, solange Parteien noch politische Lager repräsentieren, deren Lebenswelten sie strukturieren. Denn solche Parteiapparate verstetigten ein Engagement, das über den Wahltag hinausging. Die Gesellschaft war durch dieses tief verwurzelte Parteiwesen politisiert, so dass nicht auffiel, dass der Bürger jenseits von Wahlen nichts zu melden hatte (beziehungsweise: er konnte durchaus mitreden, da er via Parteimitgliedschaft in die Politikentwicklung stärker integriert war). Aber das liberale Demokratiemodell, das auf der Differenz zwischen professionellen Politikern und privatisierenden Wahlbürgern beruht, zehrt diese Ressourcen aus. Und das hat auch die Parteien verändert. Sie haben es immer weniger mit Anhängern zu tun und immer mehr mit Konsumenten, die am Parteienmarkt auf ähnliche Weise entscheiden wie auf Gütermärkten.

Medien und politische Eliten bilden einen Echoraum, und finanzkräftige Lobbys sowie von ihnen finanzierte Thinktanks verfestigen einen immer engeren politischen Konsens. Wo traditionelle Parteien früher klar konkurrierende Programme vertraten, haben sich die Großparteien einander zunehmend angenähert, so dass nur mehr unterschiedliche Varianten derselben neoliberalen Politik zur Wahl stehen. Das Ergebnis ist das, was die belgische Demokratietheoretikerin Chantal Mouffe seit gut 25 Jahren in stets ähnlich klingenden Büchern »Postpolitik« nennt: eine Konstellation, die geprägt ist von der »Unfähigkeit der traditionellen demokratischen Parteien, noch irgendwelche signifikanten Alternativen zu präsentieren – und damit echte Auswahl für die Wähler«. Ein paar Jahre lang wurde es dabei von manchen Beobachtern durchaus als Fortschritt betrachtet, dass die großen ideologischen Auseinandersetzungen der Vergangenheit angehörten – gemäßigte Parteien drängen sich am »Mittelweg« und propagieren eine konsensorientierte Politik. Für Mouffe ist gerade das das Problem: »Das ist kein Fortschritt. Wenn ich den Menschen die Möglichkeit nehme, zwischen starken Alternativen zu wählen, dann nehme ich ihnen auch die Möglichkeit, sich mit politischen Projekten zu identifizieren, dann öffne ich der allgemeinen Passivität das Tor, aber auch rechten populistischen Bewegungen.«[5]

Der große, früh verstorbene britisch-amerikanische Historiker Tony Judt hat das einmal so formuliert: »Eine Demokratie des permanenten Konsens wird nicht lange eine Demokratie bleiben.«[6] Rechte Extremisten würden dann einfach die große politische Leerstelle besetzen – nämlich dröhnend behaupten (und zwar nicht ohne eine gewisse Berechtigung), sie seien die alleinige Alternative zum großen Einheitsbrei, dem »pensée unique«.

Nun braucht diese Diagnose, wie gesagt, noch kein besonderes Spotlight auf spezifische Milieus, soziale Schichten oder Wählersegmente. Politikverdrossen kann grundsätzlich jeder sein: der immer prekärer lebende Vorstadtbewohner mit Abstiegserfahrung genauso wie die Arbeiterin in der Fabrik am Land, die sich vom politischen »Gelaber« immer weniger angesprochen fühlt, und der postmoderne Yuppie, der findet, dass diese Politiker alle auf unsere Kosten leben, ohne besondere Qualifikationen zu haben und Leistungen zu erbringen; aber auch die universitär gebildete Dame aus der gehobenen Gesellschaft, die alle Politiker für Hohlköpfe hält. Und eine solche Deutung ist ja noch nicht einmal völlig falsch – sie könnte gewiss mit viel anekdotischer Evidenz und demoskopischer Empirie untermauert werden.

Aber schon Bourdieu und dann vor allem Mouffe und Crouch haben einen Fluchtpunkt in ihrer Argumentation, der über diese allgemeine »Verdruss«-Diagnose hinausgeht: Die liberalen Mittelschichten wüssten sich nämlich durchaus Gehör zu verschaffen, und erst recht natürlich die herrschenden Segmente der Gesellschaft mit ihren dicken Bankkonten, findigen Steueranwälten und verlässlichen sozialen Netzwerken. Die unterprivilegierten Milieus dagegen, die Armen, die arbeitenden Klassen, die unteren Mittelschichten, die Bewohner herunterkommender Viertel – sie würden durch eine solche Politik überhaupt nicht mehr repräsentiert. Bei ihnen lässt sich keiner der Schönwetterpolitiker blicken, ihre Probleme werden nicht adressiert, ihre Interessen spielen in den herrschenden Diskursen, die von Phrasen wie »Innovation«, »Flexibilisierung«, »Eigeninitiative« und »Selbstverantwortung« dominiert sind, gar keine Rolle. Diese Bevölkerungssegmente wären früher bei den verschiedenen progressiven Linksparteien – seien es europäische Sozialdemokraten, da und dort Kommunisten, in den USA die Demokraten oder in Brasilien die Arbeiterpartei – gut aufgehoben gewesen. Aber jetzt haben sie politisch gar keine Stimme mehr, weil ihre Repräsentanten ihren Frieden mit den herrschenden Verhältnissen gemacht haben.

Es gibt jedenfalls genug empirische Befunde, die die Deutung stützen, dass sich Unterprivilegierte, die Angehörigen der früheren Arbeiterklasse, der sogenannten Unter- und unteren Mittelschichten politisch nicht wahrgenommen fühlen. So hat das Berliner Progressive Zentrum eine Studie veröffentlicht, die für einiges Aufsehen gesorgt hat.[7] Die Forscher haben an 5000 Wohnungstüren geklopft, und zwar vor allem in jenen Vierteln, in denen der Verdruss an der etablierten Politik besonders groß ist und der Anteil von AfD-Wählern entsprechend hoch. 500 Leute konnten sie in längere Gespräche verwickeln. Nicht wenige waren sogar froh, einmal so richtig reden zu können – denn so oft kommt es ja nicht vor, dass jemand sie nach ihren Ansichten fragt. Und die Ergebnisse der Studie sind aufschlussreich. Das Resümee lautet, kurz zusammengefasst: Auch wenn in den öffentlichen Metadiskursen Themen wie »Migration«, »Ausländer«, »der Islam« überwiegen, sind diese den Leuten letztendlich eher unwichtig. Die Studie stellt außerdem fest, dass zentrale Narrative der Populisten weitaus weniger stark verfangen als angenommen: »Wenn die Leute politische Zusammenhänge mit eigenen Worten schildern, spielen Islamisierung, Europaskepsis, pauschale Medienkritik oder die Betonung der nationalen Identität kaum eine Rolle.« Im Gegenteil: »Zum Beispiel wird Europa mehr als Teil der Lösung denn als Problem gesehen.« Sie beklagen den Verlust an sozialen Netzwerken in ihrer Lebenswelt, das Gefühl, dass sich niemand mehr für sie interessiert. »Viele Befragte glauben, dass sozial und geographisch Gesellschaftsräume entstanden sind, aus denen sich die Politik zurückgezogen hat«, heißt es in der Studie: »Es herrscht ein Gefühl des Verlassenseins.« Die Metathematiken spielen in diesen Deutungen allenfalls indirekt eine Rolle, und zwar in Form folgender Assoziationskette: »Während sich für uns überhaupt niemand interessiert, wird Migrantinnen und Migranten sofort geholfen.« Doch sobald man ein wenig an der Oberfläche kratzt, wird klar: Nicht dass Migranten geholfen wird, regt die Leute primär auf, sondern dass sie das Gefühl haben, dass ihnen nicht einmal jemand zuhört. Dass da niemand ist, der in der Nähe, der erreichbar wäre. Das ist der Kern einer politisch-emotionalen Konstellation, die letztlich in aggressive Wut auf jede Form demokratischer oder sagen wir: gewohnter Politik umschlägt. Ein psychopolitischer Gefühlscocktail.

Unterzieht man Deutungen, wonach die eher unterprivilegierten Bevölkerungsgruppen mehr und mehr zum Wählerreservoir rechter Populisten werden, einer genaueren Betrachtung, fällt schnell auf, dass hier im Grunde zwei Analysen vorgetragen werden, die nicht identisch sind, aber miteinander kombiniert werden können. Erstens: Diese politisch Nicht-Repräsentierten seien wegen dieser Nicht-Repräsentation wütend, sie seien frustriert darüber, nicht einmal wahrgenommen zu werden, sie spürten eine Verachtung für sich, aber auch für ihre Lebensweise, ihren Lebensstil und ihre

Werte, eine Verachtung, die sie sich natürlich nicht einfach nur einbilden, sondern die tatsächlich vorhanden ist. Zweitens: Sie seien ökonomisch die Opfer eines Neuarrangements des globalen Kapitalismus, also die materiellen Verlierer von Strukturwandel und Globalisierung, und ihre Reaktion darauf sei ökonomisch schlicht rational. Natürlich kann Diagnose 1 genauso wahr sein wie Diagnose 2, nicht selten wird aber eine monokausale Erklärung bevorzugt. Simpel gesagt: Manche Wissenschaftler bevorzugen (oder überschätzen) Diagnose 1, manche Diagnose 2, obwohl eher eine multikausale Erklärung richtig wäre, die beide Aspekte (wenn nicht sogar noch weitere) berücksichtigen müsste.

Der türkisch-amerikanische Ökonom Dani Rodrik hat in seinem Buch *Grenzen der Globalisierung*[8] schon Ende der neunziger Jahre die damals nahezu allgemein geteilte These herausgefordert, dass Deregulierung, Konkurrenz und Globalisierung allen nützen, dass sie also den Wohlstand einer Volkswirtschaft so steigern, dass am Ende sämtliche Schichten profitieren – und Rodrik ist kein linker Sektierer, seine Arbeit wurde vom Ökonomieguru C. Fred Bergsten und vom Internationalen Währungsfonds unterstützt. »Wir haben nicht verstanden, wie recht er hatte«, war unlängst in einem Kommentar zu lesen – von einem ehemaligen Mitarbeiter des *Wall Street Journal*, wohlgemerkt.[9]

Rodrik warnte bissig-ironisch, die Vorteile des Freihandels seien für Universitätsprofessoren möglicherweise offensichtlicher als für normale Leute – weil es für Letztere eben vornehmlich Nachteile gebe. Mit wachsender internationaler Integration konkurrierten Arbeiter mit ihresgleichen auf der ganzen Welt, und das laufe auf »Einkommensinstabilität und eine Erosion ihrer Verhandlungsmacht« hinaus.[10] Die Folge: Die Einkommen sinken. Freihandel, selbst wenn er generell die volkswirtschaftliche Leistungsfähigkeit erhöhe, produziere Verlierer und Gewinner. Die Verlierer, so zumindest die Theorie, würden allerdings entschädigt, weil der allgemein gewachsene Wohlstand irgendwie auch ihnen zugutekomme. In der Realität wird diese Behauptung freilich eher selten bestätigt: »Die Globalisierung hat nicht alle Boote gehoben«, sagt Rodrik heute.[11]

»Die Revolte gegen die Globalisierung hat ihre Ursache nicht in Dummheit«, meint auch Larry Summers, der vormalige Posterboy der Globalisierung und einstige Finanzminister Bill Clintons. »Viele Leute haben das berechtigte Gefühl, dass sie ein Projekt von Eliten für Eliten ist, die sich keine Gedanken über die Interessen einfacher Leute machen.«[12] Und Rodrik führt aus: »Wenn wir die globale Integration – und die europäische ökonomische Integration – erhalten wollen, müssen wir die Menschen vor Verlusten schützen und für einen sinnvollen, gerechten Ausgleich sorgen. Denn sonst werden diejenigen revoltieren, die sich als Verlierer der Globalisierung sehen. Tatsächlich erleben wir diese Revolte schon jetzt. Das Brexit-Votum ist nur eines der entsprechenden Phänomene.«[13]

Heute gibt es kaum mehr ernsthafte Zweifel an dieser Diagnose. Zwar kann man darüber streiten, ob die Welt als ganze ungleicher wird: Die Ungleichheit innerhalb einzelner Volkswirtschaften wächst, dafür werden die Unterschiede zwischen Volkswirtschaften geringer. Der Weltbank-Ökonom Branko Milanović veranschaulicht die Ergebnisse dieser Prozesse in seiner berühmten »Elefanten-Kurve« (Schaubild). Dafür hat er alle Haushalte der Welt nach dem Einkommen sortiert, in Gruppen zusammengefasst (vom ärmsten Zwanzigstel bis zum reichsten Prozent) und untersucht, wie stark die Einkommen von 1988 und 2008 gestiegen sind. Danach sind die größten Gewinner der letzten Jahrzehnte die neuen Wohlstandslagen in ehemals armen Ländern (Punkt A in der Grafik), Arbeiter und Angestellte in China, Bangladesch, Vietnam oder Brasilien. Ebenfalls zu den Gewinnern zählen die Superreichen in den reichen Ländern (Punkt C). Die Verlierer sind die schon vorher im Weltmaßstab ganz Armen (ganz links) sowie die Mittelschichten und die arbeitenden Klassen im Westen (Punkt B), die bei der globalen Konkurrenz unter die Räder kommen.

Schaubild: Entwicklung des realen Pro-Kopf-Einkommens, 1988-2008

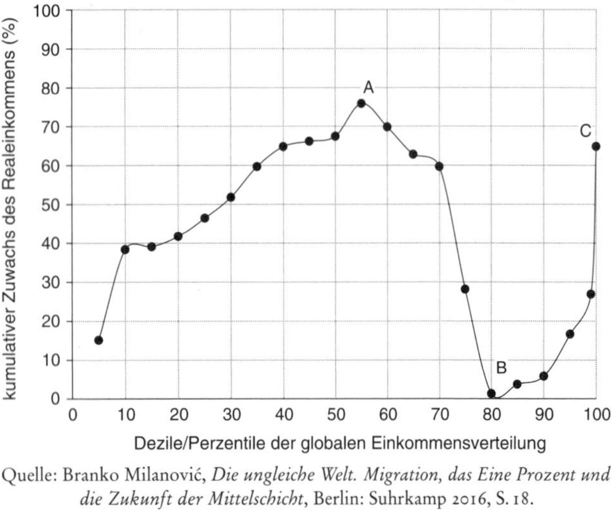

Quelle: Branko Milanović, *Die ungleiche Welt. Migration, das Eine Prozent und die Zukunft der Mittelschicht*, Berlin: Suhrkamp 2016, S. 18.

Rodriks Analyse hat, wenn man so will, ein ökonomisches Standbein und ein politisches Spielbein. Das ökonomische Standbein ist klar: Wenn ökonomischer Strukturwandel dazu führt, dass bestimmte Bevölkerungsgruppen weniger gewinnen als andere (oder gar etwas verlieren), ist es nur logisch, dass sie darauf reagieren. Das politische Spielbein von Rodriks Theorie: Nicht nur die etablierten progressiven Parteien, etwa die US-Demokraten oder die europäischen Sozialdemokraten, sondern auch viele linksliberale Ökonomen seien der Pro-Globalisierungsagenda gefolgt. Statt ökonomische Programme vorzuschlagen, die den Konkurrenzdruck für die verwundbarsten Teile der Bevölkerung reduzieren, hätten »sie sich dem Marktfundamentalismus ergeben und seine zentralen Behauptungen übernommen«.[14]

Auf Rodriks Argumente bezieht sich auch der Politikwissenschaftler Philip Manow von der Uni Bremen. In seiner Studie *Die Politische Ökonomie des Populismus* differenziert er die Globalisierungsverliererthese dahingehend aus, dass erstens das Anwachsen autoritärer Bewegungen nicht überall dieselben ökonomischen Ursachen habe und dass sich zweitens gleichzeitig der Aufstieg neuer und radikalerer Linksparteien beobachten lasse. Das wiederum habe mit unterschiedlichen Formen der ökonomischen Verwundbarkeit zu tun: Ist die Arbeiterklasse eines Landes eher durch die ökonomische Globalisierung im Sinne von Güter- und Kapitalströmen sowie durch Wettbewerb bedroht, gehe der Protest oft in die linke Richtung, zumal es sich oft um ärmere Länder mit nur schwach ausgebauten Wohlfahrtsstaaten handle, die kein großer Magnet für Migration sind. In einer anderen Situation seien ökonomisch fortgeschrittene Länder mit hoher Produktivität. Sie zögen Zuwanderer an, was sich in ökonomisch liberalen Volkswirtschaften wie Großbritannien oder den USA primär auf den Arbeitsmarkt auswirke, in Wohlfahrtsstaaten wie Schweden oder Österreich hingegen auf den Arbeitsmarkt *und* das Sozialsystem. Migranten erscheinen dann als Lohndrücker und Konkurrenten um Transferleistungen. Globalisierung, Migration und Wohlfahrtsstaat sind aus dieser Perspektive schwerlich vereinbar, weil der Wohlfahrtsstaat »in einem Ausmaß Ziel von Zuzug werden [kann], das seine ökonomischen Kompensationsfunktionen zunehmend infrage stellt«.[15] Das sei die wesentliche Dynamik, die der nationalistischen Rechten in entsprechenden Ländern ihre Wähler zuführe. Diagnosen, die rechten Populismus und autoritären Nationalismus »als Beleg für eine fortschreitende ›Kulturalisierung der Politik‹ […] werten und daher auch immer nur als kulturelles Phänomen« deuten,[16] würden lediglich irgendwelche Nebenaspekte feuilletonistisch übertreiben.

Die Schwäche dieser in erster Linie ökonomischen Diagnosen besteht darin, dass sie alle weiteren Gründe für die Entfremdung der Unterprivilegierten von der Elitenpolitik eher kleinreden, seien es kulturelle Faktoren, das Gefühl des Abgewertet-Werdens oder eine mögliche Anfälligkeit bestimmter Bevölkerungsteile für autoritäre Antworten, die Verführungskraft starker Männer, Rassismus etc. Die »einfachen Leute« kommen hier gewissermaßen nur als besonders simple Ausprägungen des Homo oeconomicus vor, die einfach ihre ökonomischen Interessen verfolgen: Protektionismus gegen Weltmarkt- und Einwanderungsstopp gegen Arbeitsmarktkonkurrenz. Würden die herkömmlichen Linksparteien beschließen, in wirtschafts- und sozialpolitischer Hinsicht wieder nach »links« zu rücken, wären die Probleme aus dieser Perspektive vielleicht bald gelöst. Es beschleicht einen die Ahnung, dass alles eine Spur komplizierter ist.

Und auch empirisch überzeugen diese Diagnosen nicht 100-prozentig. Es gibt Arbeitslose oder vom Abstieg bedrohte Arbeitnehmer, die rechts wählen. Es gibt aber auch viele, die das nicht tun. Selbst wenn etwa bei den Nationalratswahlen 2017 in Österreich satte 60 Prozent der Arbeiter FPÖ wählten, stimmten immer noch 19 Prozent für die SPÖ. Bei Personen, die nur Pflichtschulabschluss haben, liegen die beiden Parteien mit 33 Prozent gleichauf. In Wiener Gemeindebauten, den Wohngebieten der Unterprivilegierten, stimmten bei den Präsidentschaftswahlen 2016 oft bis zu 70 Prozent für den grünen Kandidaten und nur 30 Prozent für seinen ultrarechten Konkurrenten. Bei den Arbeitslosen und Mindestsicherungsbeziehern schneiden die rechten Parteien üblicherweise gar nicht so signifikant gut ab, was daran liegen mag, dass in diesen Bevölkerungsgruppen die Wahlbeteiligung recht niedrig ist. Wir sehen jedenfalls: Es gibt Arme, die rechts wählen, aber es gibt auch sehr viele, die das nicht tun. Und zugleich gilt: Ein erheblicher Anteil der rechtspopulistischen Wähler, oft sogar die Mehrheit, kommt aus eher gehobenen Einkommensmilieus. Diesen Punkt betont auch die Soziologin Cornelia Koppetsch: »Unterstützung für den Rechtspopulismus«, so Koppetsch, findet sich »quer durch alle sozioökonomischen Lagen hindurch, darunter in einem nicht unerheblichen Ausmaß auch bei Akademikern und Hochqualifizierten«.[17] Nicht allein Sozialprotest motiviere die Wählerinnen und Wähler rechter Parteien, sondern auch der Umstand, dass sie »rechts« ticken. Die Anfälligkeit steige freilich, wenn die Menschen Angst vor Abstiegen oder allgemein vor der Zukunft haben. Und das betrifft natürlich nicht nur die Angehörigen der besonders verwundbaren Milieus, es ließe sich sogar argumentieren, dass vergleichsweise Bessergestellte davon stärker befallen sein können – schließlich haben sie ja einen Status zu verlieren, was üblicherweise für besonders schlechte Laune sorgt.

Der empirisch unbestreitbare Befund, dass die Anhängerschaft des rechten Populismus keineswegs ausschließlich oder primär aus den ökonomisch Abgehängten besteht, darf aber nicht zu dem Fehler führen, seine Unterstützung in diesen Milieus zu unterschätzen. Es kann ja beides wahr sein: dass die rechtspopulistischen und rechtsextremen Parteien in allen Milieus starke Anhängerschaften haben, dass sie aber gleichzeitig für die ehemals proletarischen Milieus besonders attraktiv sind. Unter Verweis auf den ersten den zweiten Fakt kleinzureden ist nicht gerade der analytische Königsweg.

Ins Panorama der verschiedenen Deutungen, die miteinander rivalisieren, sich aber eigentlich vor allem ergänzen, gehören noch zwei weitere wichtige Ansätze. Da ist zunächst die zunehmende Stadt/Land-Spaltung, welche die wachsende Oben/unten-Spaltung gewissermaßen überblendet. Die Metropolen und Metropolregionen sind die Gewinner im globalen Kapitalismus, die Provinzen die Verlierer. »La France profonde«, sagt man in Frankreich zu diesen Gegenden, in den USA heißen sie »Rust Belt«. Die Jobs sind rar, und wer Elan hat, zieht weg. Wer bleibt, ist frustriert. Das Volk ist hier am absteigenden Ast, das Establishment in den Städten am aufsteigenden. »Die neue soziale Geografie zeigt [...] einen sozialen und kulturellen Bruch zwischen den globalisierten Metropolen und einem ›peripheren Frankreich‹ der Kleinstädte, der mittelgroßen Städte und der ländlichen Gebiete«, sagt der französische Geograf Christophe Guilluy, Autor von Studien mit Titeln wie *Fractures françaises* oder *La France périphérique*. »Auf die Metropolen entfallen heute zwei Drittel des Bruttoinlandsprodukts und der überwiegende Teil der neu entstehenden Arbeitsplätze.«[18] Die Menschen, die weiterhin auf dem Land leben, werden abgestempelt: als »uninformiert, unaufgeklärt, irrational, im Grenzfall moralisch verwerflich«, wie ein im Nachrichtenmagazin *Der Spie-*

gel erschienener Artikel diese Klischees zusammenfasst.[19] Schließlich kaufen diese Leute selten bio und reden nicht immer politisch korrekt. Die Wahlergebnisse in peripheren Regionen, die von Jobverlust und Abwanderung geprägt sind, scheinen die These von der Stadt/Land-Spaltung zu bestätigen.

Freilich ist auch diese Deutung mit einem Fragezeichen zu versehen: Erstens waren Menschen am Land immer schon konservativer als in den Städten. Zweitens sind es gerade die beweglicheren und progressiveren Teile der Landbevölkerung, die wegziehen. Die zunehmende Bedeutung höherer Bildung führt fast notwendigerweise zu einem Wegzug derer, die einen Aufstieg durch Bildung anstreben. Dann ist es natürlich etwas fragwürdig, wenn man generalisierend sagt, dass die Landbevölkerung frustrierter und wütender ist als die Stadtbevölkerung. Vielleicht trägt ja die Tatsache, dass die Optimisten wegziehen und die Frustrierten zurückbleiben, nicht unerheblich zu dieser Lage bei. Dass die Dagebliebenen dadurch noch frustrierter sind, als sie es ohnedies schon wären, kommt womöglich erst in einer Rückkopplungsschleife dazu. Man kann es auch so formulieren: Dass es in der peripheren Kleinstadt weniger Grünen-Wähler gibt als in der brummenden Metropole, liegt unter Umständen daran, dass alle jungen Leute, die grün wählen würden, aus der peripheren Kleinstadt in die Großstadt ziehen – und das schon seit ein paar Jahrzehnten.

Zuletzt soll noch eine besonders interessante Theorie gestreift werden, die der deutsche Politologe Christian Welzel aufgestellt hat.[20] Der Aufstieg des rechten Populismus sei ein Symptom dafür, dass unsere Gesellschaften als ganze progressiver werde, lautet seine auf den ersten Blick verrückte Diagnose. Der Forscher kann jedoch auf viele empirische

Datenreihen verweisen, auf Umfragen und Tiefeninterviews, die sehr deutlich machen, dass die allermeisten Gesellschaften, seien das Österreich, Deutschland, Frankreich, die USA, aber auch Russland und die Türkei heute sehr viel liberaler sind als noch vor einigen Jahrzehnten. Jedenfalls was die Einstellungen der Bürgerinnen und Bürger anbelangt: Die stehen Zuwanderung offener gegenüber, finden Multikulturalität gut; die Religiosität nimmt ab, Schwule und Lesben sind sehr viel akzeptierter. Auch die Todesstrafe wird von sehr viel mehr Menschen abgelehnt als noch vor ein, zwei Dekaden. Aber gerade weil die emanzipatorischen Werte heute allgemeiner verbreitet sind, können sie als der »herrschende Mainstream« angesehen werden. Welzel spricht von zwei »moralischen Stämmen«, insbesondere in den westlichen Ländern. Die einen halten progressive Werte hoch, Gleichberechtigung, lebenskulturelles Laisser-faire, die anderen lehnen sie ab – eher konventionelle Milieus, eher die Alten als die Jungen. Welzel: »Gerade weil die Basis der Wertkonservativen schrumpft, gerade weil ihre Zahl sinkt, verschärft sich ihr soziales Profil, und sie sind für die Rechtspopulisten besser ansprechbar.«[21]

Daten der Europäischen Wertestudie über Österreich untermauern Welzels These. Zwar ist die Ablehnung von Muslimen seit 2000 ziemlich stabil geblieben (mit einigen Ausschlägen zwischendrin), dafür haben im Jahr 2000 noch 42 Prozent der Befragten gesagt, sie hätten nicht gerne Homosexuelle als Nachbarn – heute sagen das nur mehr 13 Prozent. 2008 waren noch 39 Prozent der Bürgerinnen und Bürger der Ansicht, um als »österreichisch« gelten zu können, müsse man in Österreich geboren sein – heute sagen das nur mehr 24 Prozent, also signifikant weniger. Der Aussage »Wenn Arbeitsplätze knapp sind, sollen Arbeitgeber Österreicher gegenüber Ausländern vorziehen« stimmten 1990 noch 78 Prozent zu, 2018 nur mehr 52 Prozent. Wer in Werte- und Lebensstilfragen eher konservativ ticke, fühle sich nicht mehr hegemonial, sondern herausgefordert: »Die Leute«, sagt Welzel, »sind heute weiter voneinander entfernt, wenn es zum Beispiel um die Anerkennung von Themen wie Homosexualität und gleichgeschlechtlicher Ehe geht. Die Moralkonflikte haben eine stärkere Brisanz bekommen, weil die unterschiedlichen Bevölkerungsschichten stärker polarisiert sind.«[22]

Der Aufstieg der Reaktionäre wäre dann – buchstäblich, möchte man sagen – eine Reaktion auf beschleunigte Modernisierung, die viele Menschen nicht mitkommen lässt, die sie abschreckt, die ihnen das Gefühl gibt, mit ihren Wertvorstellungen auf verlorenem Posten zu stehen.

2. Die arbeitenden Klassen – gibt's die noch?

Kurz nach dem Wahlsieg von Donald Trump schrieb die amerikanische Rechtswissenschaftlerin Joan C. Williams einen großen Essay mit dem Titel: »What so many people dont't get about the U.S. working class«.[1] Lange habe man die Bedrängnisse der Arbeiterklasse ignoriert, nun schleiche sich eine Art gutmenschliche Besorgnis ein. Man betrachte die Arbeiterklasse als »die Armen«, für die man soziale Hilfsprogramme auflegen und denen man mehr Fürsorge angedeihen lassen müsse. »Diese Haltung«, so Williams später in ihrem Buch *White Working Class*, in das weitere Recherchen und unzählige Zuschriften eingeflossen sind, »wird sie aber noch wütender machen und die ungesunde Klassenspaltung nur vergrößern.«[2]

Williams weiter: »Sie wollen Respekt für ihre Leben, die sie durch harte Arbeit aufgebaut haben. Sie wollen anerkannt werden für die Beiträge, die sie leisten – sie wollen anerkannt werden, für ihre Leistung und für ihre Art zu leben.« Anders gesagt: Die Arbeiterklasse will eben »nicht wie ein Stamm in einem Land behandelt werden, das weit entfernt ist«.[3]

Dass die ökonomischen Aussichten für die Arbeiterfamilien im industriellen Rust Belt der USA, aber auch im Süden und an den Küsten nicht besonders aussichtsreich sind, ist heute gängiges Wissen. Diese ökonomische Bedrängnis ist laut Williams aber nur ein Teil des Problems. Die ganze Basis des Selbstrespekts breche weg. Die alte Arbeiterklasse habe einen Stolz gehabt und sie habe sich Anerkennung verschafft – bis sie gewissermaßen als zentrale soziale Schicht angesehen wurde (oder sich zumindest so fühlen konnte; dazu gleich mehr in Kapitel 4). Diese Arbeiterklasse habe aber auch bestimmte Werte hochgehalten: den Stolz darauf, harte Arbeit zu leisten. Dass man niemandem auf der Tasche liegen darf. Dass man es mit eigener Tüchtigkeit schafft. Dass man mit Handarbeit die Wirtschaft am Laufen hält, dass man zupackt, nicht zu verkopft ist. Dass man eine Arbeit macht, die ein konkretes Produkt fabriziert oder eine nützliche Dienstleistung – anders als die »Bullshit-Jobs« in den Glas-Stahl-Beton-Bürokomplexen, deren Sinn oft nicht einmal auf den dritten Blick erkennbar ist. Dass man einfach »normal« ist, nicht von irgendwelchen Spleens besessen. Zugleich war dieser Stolz sehr verletzlich. Dafür, respektlos behandelt zu werden, hatte man immer ein feines Sensorium. Ein egalitärer Geist prägte die Arbeiterklassenmoral, und wer sich für etwas Besseres hielt, war schnell unten durch. Die Angehörigen der Arbeiterklasse schätzen rigide Selbstdisziplin, weil sie nötig ist, um einen harten Job, den man hasst, vierzig Jahre lang machen zu können. Man sieht sich als jemand, der »sich nicht ziert«, der »keine Flausen hat«. Außerdem verlangen die meisten Arbeiterjobs eher handwerkliche als soziale Kompetenzen, weshalb Leute aus der Arbeiterklasse sehr stolz auf ihre technische Expertise sind und weniger auf die Fähigkeit, andere Menschen zu beeinflussen. Gar nicht geschätzt werden Leute, »die vergessen, woher sie kommen«.

Weniger solidarisch, als romantisierende linke Intellektuelle gerne glauben würden, ist die Arbeiterklasse mit »den Armen«. Also mit jenen, die ihr Einkommen aus staatlichen Sozialtöpfen beziehen, weil sie mit Arbeit nicht über die Runden kommen, weil sie keine Jobs finden oder aus anderen Gründen am Arbeitsmarkt keine Chance haben. Die sieht man schnell als Leute an, die es sich leicht machen. Wer aber ein Freispiel will, ist unten durch. Oft herrscht dann die Meinung, denen werde das Geld vom Staat »hinten reingeschoben«, während man selbst jeden Tag aufstehen und rackern muss, einem nichts geschenkt wird. Deswegen ist es für rechte Populisten, aber auch für aggressive Konservative oft so einfach, die Angehörigen der Arbeiterklasse gegen den Wohlfahrtsstaat aufzuwiegeln. Viele Linke, die nur ein Idealbild von der Arbeiterklasse haben, können das kaum nachvollziehen. Aber die Arbeiterklasse ist, selbst wenn sie nur über bescheidenen Wohlstand verfügt, eben nicht identisch mit »den Armen«. Und vor allem: Sie will es auch nicht sein. Nichts will sie weniger als das.

Um dieses Ressentiment gegenüber den Armen zu verstehen, muss man laut Williams »einen Blick auf das tägliche Leben der Arbeiterklasse werfen«:[4] Ihre rigiden, stark überwachten Jobs sind langweilig, repetitiv oder beides. Männerarbeit – und auch einige Frauenarbeit – ist körperlich fordernd: Bauarbeiter, Lkw-Fahrer, Pflegepersonal. Frauenjobs in Kitas, Schulen oder im Einzelhandel können emotional anstrengend sein. Sie lassen sich auch schwer mit der Betreuung der eigenen Kinder vereinbaren. Viele Paare müssen echte Teamarbeit leisten, also etwa in unterschiedlichen Schichten arbeiten. Und das hat Auswirkungen: Leute aus der Arbeiterklasse mögen »Menschen, die sich kümmern«, »die sauber sind«, »verlässlich«. Am höchsten im Kurs stehen Werte wie »Ehrlichkeit«, »Integrität« und »hart arbeiten«. Am meisten angewidert sind sie von »Unehrlichkeit«, »Faulheit«, »Verantwortungslosigkeit«. Verantwortlichkeit schätzen die Angehörigen der Arbeiterklasse, »weil sie hochgradig abhängig sind von den Handlungen anderer«. Die »physischen Umstände, unter denen sie arbeiten und leben, sowie ihre begrenzten finanziellen Ressourcen« führen dazu,[5] dass sie sich Verspieltheiten nicht leisten können. Dieses Arbeitsethos der Arbeiterklasse war schon immer auch an konservative Wertvorstellungen anschlussfähig, an die Lesart etwa, dass, wer scheitert, »einfach nicht diszipliniert genug« ist, »keine moralische Stärke« besitzt.[6]

Genau das klingt bei Lorraine, einer britischen Gabelstaplerfahrerin an, die im Zuge einer großen britischen Studie interviewt wurde. Sie ist alleinerziehend, Mutter zweier Buben, wohnt zur Miete, kennt die Stereotypisierungen, denen sie ausgesetzt ist, sagt: »Ich bin unten, klar.« Fügt dann aber hinzu: »Ich nenne mich Arbeiterklasse, aber ich glaube nicht, dass ich mich in der gleichen Klasse sehe wie jemand, der sich krallt, was er kann [...]. Verstehst du, ich bin stolz auf das, was ich tue, ich stehe jeden Morgen auf ... Ich kann mir nichts Ärgeres vorstellen, als jeden Tag daheim zu sein und nichts zu tun zu haben. Weißt du, die werden dann fett, oder? Und wundern sich, warum. Aber darf man das überhaupt sagen?«[7]

»Die weiße Arbeiterklasse hat das Gefühl, aus dem Zentrum an den Rand des Bewusstseins ihres Landes gerückt worden zu sein«,[8] formuliert auch Justin Gest. »Viele fühlen sich außerstande, dagegen irgendetwas zu unternehmen.« Gest hat für eine große Studie mehrere Monate erst in einem Arbeiterklassen-Wohnbezirk in East London und danach eine Zeit in Youngtown, Ohio, verbracht, Dutzende lange Gespräche geführt und die Ergebnisse in seinem Buch *The New Minority* zusammengefasst.

So unterschiedlich die sozialen Strukturen sind, so ähnlich sind doch die Gefühlslagen. Die Angehörigen der früheren Arbeiterklassen spüren, dass sie andauernd kulturell beleidigt werden, gelten sie doch allgemein als hinterwäldlerisch, unmodern, als zurückgebliebene »Rednecks«. Sie haben für diese Herablassung ein sehr feines Sensorium, das selbst jene kleineren Unachtsamkeiten registriert, die der Soziologe Richard Sennett einmal die »hidden injuries of class« genannt hat, die verborgenen Verletzungen durch Klassenzugehörigkeit.[9]

»Sie wissen nicht, wie es ist, wenn man vier Jahre auf eine Wohnung wartet«, sagt ein East Londoner zu dem Forscher. »Sie wissen nicht, wie es ist, wenn man die Heizung nicht aufdrehen kann, wenn man kein Geld für die Kinder hat. Sie vergessen, der Arbeiterklasse zuzuhören.«[10] Immer wieder kommen die Interviewpartner auf die Regierung zu sprechen – oder wie sie üblicherweise sagen: auf »die«. *Die* reparieren nicht die Heizung. *Die* lassen alle Ausländer rein. *Die* hören nicht auf uns.

»Du wirst permanent daran erinnert, dass du jederzeit ersetzt werden kannst von einem, der weniger Geld fordert«, sagt ein Spitalsangestellter in Ohio.[11] Wer die Ersetzbarkeitserfahrung verinnerlicht, verinnerlicht die Abwertung. Aus Fremdabwertung wird Selbstabwertung. Wer ersetzt werden kann, ist wertlos. Wer ersetzt werden kann, wird nicht als Mensch angesehen, sondern als Kostenstelle, als Instrument. Nichts verletzt mehr, denn als Instrument behandelt zu werden.

Es macht sich etwas breit, was man beinahe als resignative Neoliberalisierung bezeichnen könnte. Während der Individualismus und die neoliberale Erfolgskultur bei den selbsterklärten »High Performern« in den oberen Etagen als Chance betrachtet werden, nehmen sie unten das Erscheinungsbild deprimierten Einzelkämpfertums an. Einen Satz hört Gest bei seinen Gesprächen immer wieder: »Ich kümmere mich nur um mich selbst.« Eine Antwort, die freilich keine stolze

Unabhängigkeit ausdrückt, sondern ein Gefühl der Resignation und der Enttäuschung.[12]

Eine Ablehnung von Zuwanderung oder ethnischer Diversität ist in all diesen Milieus häufig anzutreffen. Schließlich zieht mit den Migranten oft Armut in die entsprechenden Viertel, und mit steigender Diversität nimmt zudem die Ähnlichkeit der Bewohner ab, was die Fäden des früheren Zusammengehörigkeitsgefühls schwächt. Man wähnt sich erst recht auf dem Weg in Richtung Scherbenviertel. Die Anwesenheit von Zuwanderern wird dann gewissermaßen zum Marker des eigenen Abstiegs, zugleich breitet sich aber das Gefühl aus, die Zuwanderer hätten es irgendwie leichter. Sie könnten sich durchschummeln, während sich die alte Arbeiterklasse an die Regeln halte und deswegen dumm dastehe. Obendrein werde offiziell die Multikulturalität gefeiert und viel für die Integration getan, was bei den zunehmend frustrierten Arbeitern den Eindruck hinterlässt, dass »die« – der Staat, die Eliten, die Medien – sich um alle anderen kümmern, nur nicht um sie. Weil das Gefühl vorherrscht, dass die Fremden bevorzugt würden, »fühlt man sich selbst abgewertet und wertet in der Folge die Fremden ab«, resümieren die Forscher des Progressiven Zentrums die Ergebnisse ihrer großen Befragungsaktion. »Die Flüchtlingspolitik macht mir Sorgen. Es werden immer mehr kommen. Es ist richtig, human zu sein. Kriegsflüchtlinge sollen immer bleiben dürfen. Aber bei anderen Ländern ist das anders. Auch die Integration funktioniert überhaupt nicht«, gibt einer der Befragten zu Protokoll. Ein 64-jähriger Mann aus Duisburg berichtet: »Es gibt keinen Zusammenhalt hier, weil hier siebzig Prozent Ausländer sind. Da sind auch super Leute mit dabei, aber die können kein Deutsch. Dann kann man sich nicht verständigen.«[13]

»Ich würd mir wünschen ... eine Politik für das österreichische Volk«, sagt Christian. Der Müllwerker ist einer von mehreren Wienern, die die Filmemacherin Ulli Gladik für ihren Film *Inland* über ein Jahr lang begleitet hat. Christian lebt in Favoriten, einem klassischen Wiener Arbeiterbezirk. »Der Bezirk ist in türkischer Hand«, sagt er. Nicht nur die türkischen Friseure und Gemüsehändler sind ihm ein Dorn im Auge, auch die Arbeitslosen, egal ob Aus- oder Inländer. Während die Politik sich früher noch um Vollbeschäftigung gekümmert habe, habe man die Massenarbeitslosigkeit irgendwann akzeptiert und den Beschäftigungslosen »einfach die Arbeitslosenunterstützung hinten reingeschoben. Da hab ich mir gedacht, ich steh auf, arbeite mich deppert, und dem anderen wird's reingeschoben. Da hab ich dann begonnen, FPÖ zu wählen.« In einer Ottakringer Eckkneipe hat die Filmemacherin immer wieder mit der Stammgästeclique gesprochen. Die Wirtin hat auch schon KPÖ gewählt, dann SPÖ, neuerdings wählt sie die ÖVP von Sebastian Kurz. Am Stammtisch sitzt eine Frau, die bei einer Schuhhandelskette gearbeitet hat und knapp vor ihrem fünfzigsten Geburtstag gefeuert wurde. Danach schrieb sie Hunderte Bewerbungen, fand aber nie wieder eine Stelle. »Wenn du für zehn Stunden angestellt bist, dann musst zwanzig Stunden arbeiten, wo ist da die Gewerkschaft? Beschissen ist das. Beschissen. Wennst dein Leben gearbeitet hast, und dann wirst einfach entsorgt.« Von der rechtsextremen FPÖ erhofft sie sich, »dass sie sich für die Arbeiter und die Angestellten mehr einsetzen, für die Kleinen«.

Wien, East London und Youngtown sind Tausende Kilometer weit voneinander entfernt und ziemlich unterschiedliche Landstriche, was die soziale Struktur, die politische Kultur und die Geschichte anbelangt und vor allem auch den Grad der Abgehängtheit. Und doch hören sich die Erzählungen, die Erfahrungen, die Erwartungen sowie die den Deutungen zugrunde liegenden Werte und Normen ziemlich ähnlich an.

Auch wenn hier bisher provisorisch von der »weißen Arbeiterklasse« gesprochen wurde, ist dieser Begriff eher behelfsmäßig und unpräzise. Es beginnt schon damit, dass die Begriffe im Englischen und Amerikanischen ganz anders gebraucht werden als im Deutschen. »Arbeiterklasse« – das Wort ist im deutschen Sprachraum mittlerweile ziemlich außer Gebrauch. Der Begriff ist mit Klassenkampf und Marxismus assoziiert, ganz anders als der Begriff »Arbeiter«. Dieser wiederum ist heutzutage eher eine sozialversicherungstechnische Kategorie, mit der jene Menschen charakterisiert werden, die manuelle Produktionsarbeit verrichten. Arbeiter in der Automobilindustrie nennen wir Arbeiter, Beschäftigte beim Paketdienst, die mühselig Bestellungen austragen, eher nicht. Sie sind Angestellte, manchmal sogar »neue Selbstständige«, also prekäre De-facto-Arbeitnehmer, die de jure selbstständige Unternehmer sind. Auch die Kassiererin im Supermarkt oder den Verkäufer im Brötchenladen würden wir nicht »Arbeiter« nennen. Das englische »working classes« hat eine viel breitere Bedeutung. Dazu zählen kleine Angestellte genauso wie Verkäuferinnen, ja sogar Lehrer und Lehrerinnen können sich den »working classes« zurechnen.

Bei diesen Überlegungen geht es nicht nur um Begriffsscholastik oder Wortklauberei. Wenn wir uns über die Arbeiterklasse Gedanken machen wollen, dann sind wir sofort mit dem Umstand konfrontiert, dass sich Menschen, die dieser Arbeiterklasse wohl objektiv angehören, nicht als Angehörige dieser Klasse sehen. Das bedeutet aber, es fehlt ein Begriff dafür, wer man ist, und damit auch ein Begriff für die Zusammengehörigkeit mit anderen. Alleine schon der Mangel einer Selbstbezeichnung ist eine Ursache von Vereinzelung.

Oft ist auch zu hören, die Arbeiterklasse existiere nicht mehr, weil die alte, kompakte Arbeiterklasse, die vor allem aus Männern bestand, die morgens früh aufstanden, in langen Kolonnen zur Fabrik hetzten (oder im Werksbus hingefahren wurden) und dann zu Tausenden an Maschinen ihre manuelle Arbeit verrichteten, nicht länger existiert. Zwar gäbe es immer noch schwere, manuelle, stressige, schmutzige, körperlich belastende oder auch psychisch fordernde Arbeit, aber die Kompaktheit sei einer Vielgestaltigkeit gewichen. Nun ist das wahrscheinlich zu einem gewissen Grad eine Täuschung, denn diese fantasierte Kompaktheit der Arbeiterklasse gab es vermutlich nie (auch wenn der Fabrikarbeiter gewissermaßen die Leitfigur des Arbeitnehmers war). Dennoch sollte man sich vor Augen führen, wer eigentlich gemeint sein könnte, wenn man heute von Arbeiterklasse spricht.

Arbeiter bei Mercedes in Stuttgart oder bei MAN in Steyr. Die Köche in unserem Lieblingsrestaurant. Die Kindergärtnerin. Verkäufer im Supermarkt, die Frauen, die die Regale auffüllen. Das Pflegepersonal im Spital. Der Mann, der unsere Heizung wartet. Die Beschäftigten am Bau, vom Maurer bis zum Polier. Der Mechatroniker im mittelständischen Exportunternehmen. Die polnische Raumpflegerin. Die Leute von der Müllabfuhr und die Busfahrer. Der Lehrer in der Grundschule. Die junge Frau im Callcenter. Die Technikerin bei der Mobilfunkfirma. Die Burschen, die die elektrischen Tretroller einsammeln und aufladen. Die Programmierer und Designer, die stundenlang im Büro hinter dem Computer sitzen. Die prekäre Datenverarbeiterin. Der Lehrling in Simmering. Der Lkw-Fahrer. Die junge Teilzeitkraft im

Fast-Food-Restaurant. Gabelstaplerfahrer. Dachdecker. Die Leute vom E-Werk, die die Leitungen legen, die Frauen und Männer von der Telekom, die das Breitband in den Häusern hochziehen. Die Paketschupferin bei Amazon. Die Sekretärin. Die Zugbegleiterin bei der Deutschen Bahn. Der spanische Verkäufer in der hippen Bäckerei. Der Erntehelfer. Die Ganztagespflegerin aus Bulgarien. Der arbeitslose Fiftysomething, der in seiner dritten sinnlosen Umschulungsmaßnahme steckt. Der Prekäre, der sich durchkämpft. Der Trankler, der schon aufgegeben hat. Alles Arbeiterklasse – aber ohne gemeinsame Geschichte und Geschichten, die man sich erzählen könnte.

Eine ziemliche Breite. Auch was die Einkommen anbelangt. Die Kassiererin kommt vielleicht mit 900 Euro netto im Monat heim, die Facharbeiterin bei BMW mit beinahe 3000. Und es gibt ja nicht nur die verschiedenen Berufsbilder und individuellen Lebensbiografien und unterschiedlichen ökonomischen Lagen. Menschen haben andere Werte und auch ein anderes Selbstbild, je nachdem, wo sie leben. Im Stadtzentrum oder an der Peripherie. Im Dorf. In der Kleinstadt. Menschen sind geprägt von der Umwelt, dem Milieu, den Leuten, mit denen sie aufwachsen, den Normen, in die sie hineinwachsen. Es sind lauter unterschiedliche Geschichten, die durch keine gemeinsame Geschichte zusammengehalten werden. Warum überhaupt sollten so unterschiedliche Leute so etwas wie eine gemeinsame Identität haben, etwas, was es ihnen erlaubt, sich zumindest als Ähnliche zu empfinden, mit vergleichbaren Lebenslagen, Problemen und Hoffnungen? Und warum sollten sie auch noch Werte und Normen teilen, bestimmte moralische Auffassungen?

Ökonomisch können sich neoproletarische Zustände weit in die Mittelschichten hineinfressen. Gerade in Kreativmilieus, deren Angehörige sich gern als kulturell auf der Höhe der Zeit betrachten, gut ausgebildet sind und über gefragte Kompetenzen verfügen, wird oft für wenig Geld und ohne jedes Sicherheitsnetz Arbeit verrichtet, die obendrein völlig verblödet ist und den Fähigkeiten der Leute Hohn spricht – vom Click-Worker bis zur App-Programmiererin. Nur das Selbstbild als »Kreative« oder als »bourgeoiser Bohemien« verhindert, dass man sich als Teil einer großen, breiten, ausgebeuteten Arbeiterschicht sieht. Schließlich hat man wegen der (oft eh nur eingebildeten) kulturellen Distanz mit dem »einfachen Volk« ja nichts zu tun.

Einzelne Klassenlagen haben mehr kulturelles als ökonomisches Kapital (etwa die jungen Leute in den hippen Branchen), andere mehr ökonomisches als kulturelles (etwa die technisch-wissenschaftlichen Mittellagen in der Industrie, die gut verdienen, sich aber eher zu den »Normalos« zählen). Diese popularen Klassen sind in vielerlei Hinsicht heterogen. Aber dennoch tun wir vielleicht gut daran, sie als die modernen Ausprägungen popularer Klassen zu sehen und nicht mit Begriffen wie »Mittelklasse« hinter einer Nebelwand verschwinden zu lassen. Diese zeitgenössischen populären Klassen bestehen aus den wirklichen Armen, aus den von Prekarität Gebeutelten, aus den etablierten Arbeiter- und Arbeiterinnenmilieus, den technisch-wissenschaftlichen Angestellten, den Facharbeitern und -arbeiterinnen sowie den verschiedenen Angestellten in den Dienstleistungsberufen – kurzum: ein buntscheckiges Völkchen derer, die nicht zu den »upper middle classes« oder zur schmalen Einkommenselite (den oberen fünf bis sechs Prozent) und den Superreichen zählen, also dem berühmten reichsten einen Prozent.

Auch wenn bestimmte Werthaltungen und Normen in weiten Teilen der popularen oder »arbeitenden Klassen« geteilt werden, gilt das nicht in gleichem Maße für die psychopolitischen und emotionalen Aspekte. Ob man eher zufrieden mit dem existierenden System ist oder ob man sich, wie die oben zitierten Stimmen, als bedrängt und machtlos erlebt, hängt noch stärker als vom Einkommen (wobei das natürlich miteinander verbunden ist) vom Maß an existenzieller Sicherheit ab, das man verspürt. Oft sogar nur vom Umfeld, etwa dem Zustand des Stadtviertels. Für Österreich hat das Sora-Institut in einer großen Studie die politischen Einstellungen der verschiedenen Arbeitnehmermilieus untersucht.[14] Grob gesprochen, kann man die Ergebnisse so zusammenfassen: Ein Zehntel dieser Arbeitnehmer sind so wütend, dass sie das System als Gegner sehen; ein Drittel sind so zufrieden, dass sie gefestigte, überzeugte Bürgerinnen und Bürger der liberalen, pluralistischen Demokratie sind. Und zwischen diesen beiden Polen gibt es alle möglichen Abstufungen, von ziemlich wütend bis demokratisch, aber leicht unzufrieden. Was diese Gruppen vor allem unterscheidet, ist das Gefühl der Sicherheit oder Unsicherheit. Es wäre eben einmal mehr falsch anzunehmen, »die Arbeiter« wären heute alle in Unsicherheit gefangen, von Druck gebeugt, von Stress gebeutelt und daher irgendwie »zornig«. Das trifft schon auf einige zu, aber eben nicht auf alle. Wir reden hier von 40 Prozent, vielleicht auch nur 30 Prozent der arbeitenden Klassen. Ganz sicher nicht von allen. Auch das sollte man im Hinterkopf behalten, wenn man sich mit der Frage beschäftigt, was die »einfachen Leute« denn so denken und meinen. Nämlich: nicht alle dasselbe.

Hüten wir uns also vor Generalisierungen. Machen wir uns zunächst auf einen kleinen Parcours durch die Geschichte, wie aus verschiedenen Arbeitermilieus eine Arbeiterklasse wurde, die vielleicht nie so kompakt war, wie wir im Rückblick meinen; die ihre eigenen Werte und ihre eigene Moral entwickelte, die an frühere plebejische Kulturen anknüpfte; die damit, bei allen inneren Differenzen, eine Identität entwickelte, die aber nie homogen, sondern immer vielgestaltig war; die sich in ihren besten Zeiten in ein Synonym für »das Volk« verwandelte; und die sich dann scheinbar auflöste, ohne wirklich zu verschwinden.

3. »Eine rebellische traditionelle Kultur«

Wenn heute über beliebte Themen wie den Aufschwung der radikalen Rechten und die Krise der Linken beratschlagt und gestritten wird, ist meist schnell davon die Rede, die Linken hätten die »Arbeiterklasse« vergessen und sich zu sehr der »Identitätspolitik« verschrieben. Klassenpolitik wird dann als Vertretung materieller Interessen verstanden und Identitätspolitik als diffuser Kampf um Symbole, der mit den harten Realitäten des Lebens angeblich nichts zu tun hat. Das ist natürlich ziemlicher Unfug, und zwar schon allein deshalb, weil es den bloßen ökonomischen Kampf nie gegeben hat, der nicht *zugleich* »Identitätspolitik« war, nämlich Kampf um Anerkennung. Um Respekt und darum, nicht nur als Instrument behandelt zu werden, sondern Souveränität über das eigene Leben zu erlangen und auch als kollektive Großgruppe Achtung zu erfahren, als Großgruppe mit – bingo! – einer gemeinsamen Identität.

Der große britische Historiker E. P. Thompson hat das in seinem monumentalen Werk *Die Entstehung der englischen Arbeiterklasse* eindrucksvoll geschildert. Das Buch heißt im Original übrigens *The Making of the English Working Class*, ein Titel, der anders als die deutsche Übersetzung einen Doppelsinn hat. »Making« – da schwingt nicht nur ein objektiver »Entstehungsprozess« mit, sondern subtil auch ein Element der aktiven Schöpfung. Fast von der Art: »Die Erfindung der englischen Arbeiterklasse«. Thompson wollte eigentlich eine Gesamtdarstellung der Geschichte der Arbeiterklasse schreiben, hatte dann aber schon für die Anfangsjahre bis 1830 beinahe tausend Seiten verbraucht.

Die moderne industrielle Arbeiterklasse entstand relativ rasant und setzte sich aus verschiedenen vorindustriellen Milieus zusammen. Den Meistern und Handwerkern der Werkstätten- und Manufakturperiode, ihren Gesellen, den kleinen Geschäftsleuten, den Landarbeitern, die in die Städte zogen, den städtischen Armen, die eh schon da waren, den kleinen Bauern, deren Landwirtschaften nicht mehr zum Leben reichten oder die von großen Grundbesitzern gleichsam enteignet worden waren. Und noch vielen anderen kleineren Bevölkerungsgruppen. Nicht zu vergessen: Migranten – aus entfernteren Gebieten, auch aus dem Ausland (in England die Iren, in Deutschland die Polen, in Österreich die Tschechen) –, die mit den verschiedenen anderen Bevölkerungsgruppen das Heer der Millionen Pauper bildeten, die zum rasanten Wachstum der Metropolen beitrugen und ungelernte Arbeiten verrichteten, die mit nicht viel mehr als einer Spitzhacke und einer Schaufel im Tage- oder Untertagebau Kohle und Erze aus dem Boden holten etc. Ein buntes, keineswegs homogenes Völkchen, das von respektierten Handwerkern reichte bis zu den rachitischen, verlausten Proletariern, die in Slums wohnten, in feuchten Kellern, wo sich in kleinen Zimmern acht, neun, zehn Leute – Frauen, Männer, Kinder – auf Stroh und Lumpen drängten.

»Die Arbeiterklasse trat nicht wie die Sonne zu einem vorhersehbaren Zeitpunkt in Erscheinung; sie war an ihrer eigenen Entstehung beteiligt«, schreibt Thompson.[1] Damit ist gemeint: Sie wurde in Kämpfen geformt, setzte sich aber nicht aus Individuen zusammen, die vom Himmel fielen und keine Vorgeschichte hatten. Sondern aus Menschen mit ihren Hintergründen, ihren Prägungen, ihrem Herkommen.

Überhaupt neigen wir zu Fehlannahmen, wenn von der »industriellen Revolution« die Rede ist. Sie geschah rasant, aber auch allmählich. Schichten des Neuen überlagerten das überlebende Alte. Wir unterliegen der Vorstellung, dass im einen Moment noch Gesellen in Drei-Mann-Werkstätten mit Hämmern auf Eisen hauten, und im nächsten stellten Tausende Arbeiter in riesigen Fabriken im lauten Rhythmus der Dampfmaschine Lokomotiven her. In Wirklichkeit war der Übergang natürlich evolutionärer. Auch die früheren Handwerksbetriebe wurden nach und nach mechanisiert, die Kraftübertragung über Transmissionen wurde eingeführt, und erst langsam entstanden die richtigen Großfabriken. Außerdem konnten Hammerwerke aus vorindustrieller Zeit, etwas modernisiert und ausgebaut, bis in die siebziger Jahre des 20. Jahrhunderts produzieren.

Zurück in die Industriestädte der Zeit, mit der Thompson sich befasst. Da gab es die Drahtzieher und die Weber, die Dockarbeiter und die Schiffbauer, die Ingenieure und die Gesellen, die Arbeiter in den kleinen Handwerksgeschäften und die in den Fabriken und den Erz- und Kohleminen, die Färber und Gerber, die Arbeiter am Bau, die ungelernten Arbeiter, die Tagelöhner. Manche Autoren, so Thompson, ziehen deshalb auch für die industrielle Ära den Begriff der »working classes« vor – also der »arbeitenden Klassen« im Plural –, weil er der »Disparität hinsichtlich Status, Kenntnissen, Fertigkeiten und Arbeitsbedingungen«[2] eher gerecht wird als jener der »Arbeiterklasse« im Singular.

Die Werte und Normen, die ich oben schon kurz skizziert habe und die in den »arbeitenden Klassen« teilweise noch heute verbreitet sind, hatten ihren Ursprung auch in vorindustriellen Milieus. Man denke an die Postulate »gerechter Lohn« und »fairer Preis«. Den Stolz des Handwerkers auf sein Können (es ist bezeichnend, dass für kunstfertige Handwerker im Englischen der Begriff »artisans« gebräuchlich ist, der an »artists« erinnert, also an Künstler), den Respekt, den man einzufordern berechtigt ist, wenn man schwer schuftet oder ein ordentliches Werkstück produziert hat. Das Recht, als Individuum mit Würde behandelt zu werden. Wenn im Zuge der industriellen Revolution manche Fertigkeiten abgewertet wurden, weil man sie in der maschinellen Serienproduktion nicht mehr benötigte, wenn die Arbeiter die individuellen Spielräume verloren, die sie als Handwerker durchaus noch gehabt hatten, wurde das nicht nur als materielle Bedrohung erlebt, sondern auch als Statusrisiko, als existenzielle Gefährdung der Identität, da die Quelle von Respekt und Selbstrespekt buchstäblich in die Zahnräder des Maschinenwesens geriet.

Gleichzeitig erodierte der Paternalismus des vorindustriellen Zeitalters, also die Vorstellung, dass Meister auch soziale Verpflichtungen gegenüber ihren Lehrlingen oder Gesellen haben. Die sozialmoralische Ordnung der Industrialisierung war anonymer, depersonalisierter. Am liebsten hätte jeder Fabrikherr in seinem Betrieb tausend Arbeiter gehabt, die nach dem Prinzip von Befehl und Gehorsam ihre Aufgaben erfüllten, sich wie Ameisen unterwarfen, die man als Instrumente behandeln und anwerben konnte, wenn man sie brauchte, und wieder entlassen, wenn man sie nicht mehr benötigte.

»Eine gröbliche Verletzung dieser moralischen Grundannahmen«, unterstreicht E. P. Thompson, »war ebenso häufig wie tatsächliche Not der Anlass zu direkter Aktion«, also zu Streiks oder Aufruhr oder wilden Demonstrationen:[3] »Die Tatsache, daß die arbeitende Bevölkerung diese Übelstände empfand – und zwar sehr heftig empfand –, verdient unsere Aufmerksamkeit. Und dies erinnert uns eindringlich daran, daß manche der härtesten Konflikte dieser Zeit sich an Problemen entzündeten, die nicht durch Statistiken über Lebenshaltungskosten erfaßt werden. Denn was die Gemüter am stärksten erregte, waren weniger direkte ›Brot-und-Butter‹-Probleme als die Bedrohung solcher Werte wie die überlieferten Gebräuche: ›Gerechtigkeit‹, ›Unabhängigkeit‹, Sicherheit oder Familienökonomie.«[4]

Angesichts der häufiger werdenden, oft noch unkoordinierten Proteste war bald klar, dass kein Unternehmen allein nach ökonomistischen Hire-and-fire-Gesichtspunkten geleitet werden konnte. »Die Notwendigkeit eines Arbeitsfriedens, einer zuverlässigen Arbeiterschaft und eines Stammes von qualifizierten und erfahrenen Arbeitern führte [...] zwangsläufig zu einer Veränderung der Führungstechniken«.[5] Auch die Fabrikanten des neuen Zeitalters übernahmen nun gegenüber ihren Belegschaften häufig die Position eines Patrons, was Herrschaft, aber zugleich eine Schutzfunktion und moralische Verpflichtungen beinhaltete. So entstanden auf der einen Seite »Kernbelegschaften«, die sich mit den Unternehmen identifizierten (oft sogar mit der Unternehmerpersönlichkeit, so wurden etwa die Beschäftigten der Österreichischen Waffenfabriks-Gesellschaft in Steyr nach dem Fabrikgründer und -eigentümer Josef Werndl allgemein als »die Werndler« bezeichnet), und auf der anderen die eher peripheren Belegschaften, die einen niedrigeren Status hatten und in Zeiten schwacher Konjunktur als Erste gekündigt wurden.

Parallel entstand überall eine Arbeiterbewegung, die mal eher gewerkschaftlich orientiert, mal eher politisch war, die die Wertvorstellungen früherer Arbeitergenerationen aufnahm und zugleich auch veränderte. Mal prägten die Arbeiterparteien mehr die Arbeiter, mal die Arbeiter mehr die Arbeiterparteien, mal war man revolutionär-radikal, mal wollte man in Arbeiterbildungsvereinen die Arbeiter zu besseren, klügeren, fortschrittlicheren Menschen erziehen.

Allerdings war die Kultur der popularen Klassen, da macht Thompson uns und sich nichts vor, nicht durchgehend so, dass sie nachträglich rosige Idealisierungen rechtfertigen würde. Idyllen progressiver Menschenfreundlichkeit, moralischer Verbesserung oder utopischer Lebensreform waren diese Milieus nicht immer: »Selbstverständlich weist diese Kultur gewisse Merkmale auf, die wir gewöhnlich einer ›traditionalen Kultur‹ zuschreiben«, schreibt Thompson und spricht vom Paradox einer »rebellischen traditionellen Kultur«.[6]

Alte Hierarchien innerhalb der arbeitenden Klassen existierten fort – etwa die zwischen den Handwerksmeistern und ihren Gesellen – und wurden durch neue Hierarchisierungen mehr ergänzt denn ersetzt. So waren die industriellen Facharbeiter die neue Arbeiterelite, die sich über die Unqualifizierten erhob. Plebejische Milieus hatten immer auch Mechanismen »moralischer Kontrolle«, abweichendes Verhalten wurde nur bis zu einem bestimmen Punkt toleriert, danach setzte der Anpassungsdruck ein. Ältere, disziplinierttere Arbeiter blickten auf junge Heißsporne oder vergnügungssüchtige Draufgänger ein wenig hinab. Genauso gab es den Hang zur rigorosen Verschlossenheit, einen Hang, nur denjenigen als Kollegen anzuerkennen, der eine gewisse Ähnlichkeit hatte. Man hatte, wie man gern sagte, »einen Riecher« dafür, wer dazugehört und wer nicht – und diesem »Geruchstest« musste sich aussetzen, wer Aufnahme erfahren wollte. Auf die Arroganz scheinbar »besserer Leute« reagierte man mit Aversion und Antiintellektualismus. Hinzu kamen: ein bestimmtes Männlichkeitsideal – denn das Leitmodell war natürlich der männliche Arbeiter; der Stolz, seine Familie ernähren zu können. Ein Ethos der Diszipliniertheit und die Vorstellung, dass, wer sich nicht anstrengt, sein Elend verdient habe. Nirgends wurde der »Arbeitsscheue« mehr verachtet als in der Arbeiterklasse.

Wie jede Gemeinschaft basierte also auch die der Arbeiter auf dem Unterschied zwischen »uns« und »den anderen«. Spaltung durch Zuwanderung und ethnische Vielfalt ist dabei ebenfalls nicht erst eine Erscheinung der jüngeren Zeit. Um das zu begreifen, muss man nur einen Text von Karl Marx aus dem Jahr 1870 lesen, in dem es um das Verhältnis der englischen Proletarier zu den zugewanderten irischen Arbeitern geht, die allgemein als kulturell zurückgeblieben, laut, katholisch, trunksüchtig, grobschlächtig und nicht integrierbar galten:

> Alle industriellen und kommerziellen Zentren Englands besitzen jetzt eine *Arbeiterklasse*, die in zwei *feindliche* Lager *gespalten* ist, *englische* proletarians und *irische* proletarians. Der gewöhnliche englische Arbeiter haßt den irischen Arbeiter als einen Konkurrenten, welcher den standard of life herabdrückt. Er fühlt sich ihm gegenüber als Glied der *herrschenden* Nation und macht sich eben deswegen zum Werkzeug seiner Aristokraten und Kapitalisten *gegen Irland*, befestigt damit deren Herrschaft *über sich selbst*. Er hegt *religiöse, soziale und nationale Vorurteile gegen ihn*. Er verhält sich ungefähr zu ihm wie die *poor whites zu den niggers in den ehemaligen Sklavenstaaten* der amerikanischen Union. Der Irländer pays him back with interest in his own money [zahlt es ihm mit gleicher Münze heim]. Er sieht zugleich in dem englischen Arbeiter den Mitschuldigen und das stupide Werkzeug der *englischen Herrschaft in Irland*.
>
> Dieser Antagonismus wird künstlich wachgehalten und gesteigert durch die Presse, die Kanzel, die Witzblätter, kurz, alle den herrschenden Klassen zu Gebot stehenden Mittel. *Dieser Antagonismus* ist das *Geheimnis der Ohnmacht der englischen Arbeiterklasse*, trotz ihrer Organisation. Er ist das Geheimnis der Machterhaltung der Kapitalistenklasse. Letztere ist sich dessen völlig bewußt.[7]

Arbeiterklasse, können wir jetzt schon einmal festhalten, war einerseits eine simple ökonomische Stellung im Produktionsprozess. Zur Arbeiterklasse gehörte, wer in der gesellschaftlichen Arbeitsorganisation, die durch ungleiche Machtbeziehungen gekennzeichnet war, eine abhängige, ausgebeutete, erniedrigte Rolle einnahm. Klasse, das sind, allgemeiner gesprochen, Menschen, die, was immer sie sonst charakterisieren mag, durch Umstände und geteilte Erfahrungen verbunden sind. Folgt man dieser knappen, kühlen Definition, braucht es überhaupt keine Werte, Normen und Kultur, um eine Gruppe von Menschen als Klasse zu bezeichnen. Zugleich entstand historisch aber eine Arbeiterklassenkultur, ein disparates Kuddelmuddel, an dem verschiedene Leute partizipierten, die sich untereinander verbunden fühlten – aber auch nicht immer. Manche Spaltungen schliffen sich mit der Zeit ab (heute gibt es längst keinen Unterschied mehr zwischen den Abkömmlingen deutschösterreichischer oder böhmischer Arbeiter), neue kamen hinzu. Gewiss gab es bei alldem auch nationalkulturelle Unterschiede, aber viel erstaunlicher ist eigentlich, dass all das von Simmering bis Marseille, von Boston bis East London, von Manchester bis Nürnberg und Berlin nach einem sehr ähnlichen Muster ablief. Dass Werte und Normen auf ähnliche Weise entstanden, ihren Aufstieg erlebten – und ihre Infragestellung sowie ihren Niedergang. Bis heute.

4. Wie die Arbeiterklasse von den Armen zum Volk wurde

Im Laufe weniger Jahrzehnte, sagen wir: zwischen 1910 und 1960, verwandelte sich »die Arbeiterklasse von den Armen in das Volk«, schreibt die Oxford-Historikern Selina Todd in ihrer großartigen Studie *The People. The Rise and Fall of the Working Class*, die eine riesige Sammlung von Selbstzeugnissen und Oral-History-Quellen aufarbeitet.[1] »Die Arbeiterklasse verwandelt sich von den Armen in das Volk« – so hingeschrieben ist das ein lapidarer Satz. Denkt man aber ein paar Augenblicke über ihn nach, beginnt man zu ahnen, was für ein bemerkenswerter Vorgang das eigentlich gewesen ist. »Die Arbeiterklasse«, »die Armen«, »die Unterprivilegierten«, das ist per definitionem schon eine Abgrenzung, die einem Teil des Ganzen entspricht. *Pars*, Partei, distinkte Gruppe. Mehr aber noch: eine periphere Gruppe, die Gruppe der weniger Mächtigen, die Gruppe derer, die weniger zu sagen haben als die einflussreichen Teile der Gesellschaft. Oder, wie man in der Sprache des orthodoxen Marxismus sagen könnte: beherrschte, nicht herrschende Klasse. Die schleichende Verwandlung der »arbeitenden Klassen« in »das Volk« beschreibt auch die Verwandlung in Richtung einer Art Zentralität. Nicht die einzige Klasse, auch nicht die herrschende, aber die, die alles trägt. Da im Begriff »das Volk« jedoch stets auch kulturelle Aspekte mitschwingen – jeder hat sofort Bilder im Kopf, wie das Volk so ist, denkt, tickt, was es tut –, geht damit auch die Vorstellung einer gewissen Homogenität einher. Alle, die zum »einfachen Volk« zählen, sind ein bisschen anders, aber doch auch ein bisschen ähnlich.

Man kann diese Geschichte als Heldengeschichte erzählen, wie das oft geschieht und bei Gott auch nicht zu Unrecht: als Geschichte der Arbeiterbewegung und der Arbeiterparteien, der Gewerkschaftsbewegung, als Geschichte ihrer Organisationsarbeit und ihrer Kämpfe. Des Kampfs ums Wahlrecht auch für das »normale Volk«, um gleiche bürgerliche und demokratische Rechte, des Kampfs um soziale Rechte, Sicherheiten und eine Gesetzgebung, die krasse Ausbeutung und Armutsrisiken beschränken sollte. Sozialisten verstanden die Arbeiterklasse als die Klasse der Zukunft, die Gleichheit und eine starke Demokratie durchsetzen würde. Reformerische Realisierungen dieser Ideen etablierten Arbeitszeitbeschränkungen, Renten- und Unfallversicherung, Sozialgesetzgebung und ein wohlfahrtsstaatliches Netz, einen umfassenden Arbeitsschutz, den Bau von Millionen ordentlicher Arbeiterwohnungen mit bezahlbaren Mieten, die Überwindung innerstädtischer Slums. Sie etablierten aber auch ein Netzwerk von Arbeitervereinen und eine proletarische Gegenkultur, die im Kleinen den Geist eines künftigen Sozialismus vorwegnehmen sollte: Arbeiteruniversitäten, Volkshochschulen, Arbeiterbildungsvereine, Arbeiterbibliotheken, Arbeitersport- und Schachvereine, Aufklärungszirkel und unendlich viel mehr. Hinzu kam ein ideologischer Kampf, der Vorrechte Einzelner sowie die daraus folgenden Ungleichheiten infrage stellte, der das Ideal einer Gesellschaft ohne große Klassenspaltungen hochhielt und der sehr erfolgreich war. Diese Geschichte ist vielfach erzählt. Sie ist wahr, erzählt aber auch nur einen Teil der Geschichte.

In dieser Arbeiterbewegung gab es von Beginn an Auseinandersetzungen darüber, ob es in erster Linie um die Verwirklichung eines utopischen Idealzustandes – oder, weniger hochtrabend formuliert: um Ideale – gehen sollte oder um eher kurzfristige ökonomische Ziele. Um Sozialismus, einen »neuen Menschen« oder einfach um einen fairen Anteil am Kuchen? Um Reform oder Revolution? Um mehr Geld im Lohnbeutel oder um sozialistische Selbstverwaltung im Betrieb? Letztendlich ist das aber oft nur ein herbeigeschriebener Unterschied, denn wenn es Arbeitsplatzsicherheit gibt, die Arbeiter in der betrieblichen Sozialorganisation eine starke Verhandlungsposition haben, wenn Vollbeschäftigung herrscht und die Löhne steigen, dann bedeutet das für die Beschäftigten auch bessere Chancen auf ein Leben in Unabhängigkeit, die Möglichkeit, aus ihrem Leben etwas zu machen, es entlang ihrer eigenen Präferenzen zu führen. Auch der scheinbar »nur« ökonomische Fortschritt hat also Auswirkungen auf die gesellschaftliche Machtverteilung. Wer sicheren Boden unter den Füßen hat, kann auch leichter Respekt einfordern etc. »Für den gewöhnlichen Arbeiter [...] bedeutet Sozialismus nicht viel mehr als bessere Löhne und kürzere Schichten und niemanden, der einen herumkommandiert«,[2] wusste schon der große George Orwell, der selbst viele Reportagen über die Arbeitermilieus seiner Zeit schrieb, etwa in seinem grandiosen Buch *Der Weg nach Wigan Pier*.

Diese Geschichte war kein geradliniger Prozess. Im Ersten Weltkrieg waren die Arbeiter Kanonenfutter, aber sie wurden auch gebraucht, als Soldaten und in der Kriegsindustrie. Da händeringend nach Arbeitern gesucht wurde, konnten auch Frauen leicht Stellungen in Fabriken bekommen. Das gab ihnen mehr Autonomie als auf den bisher für Frauen zugänglichen Arbeitsmärkten, etwa als Dienstmädchen bei irgendwelchen »Herrschaften«. Nach dem Krieg folgten in vielen Ländern demokratische Revolutionen (wie in Deutschland und Österreich) sowie ein Aufschwung der

Arbeiterbewegung, was den herrschenden Klassen Angst einjagte und die Durchsetzung vieler Sozialreformen erleichterte. Wo es solche Revolutionen nicht gab, kam es zu Revolten der einfachen Leute. Frauen und schlecht qualifizierte Arbeiter waren nicht bereit, die Position, die sie sich während der Kriegsjahre erobert hatten, kampflos aufzugeben.

Die späten zwanziger und frühen dreißiger Jahre brachten dann überall einen Rückschlag. Die Massenarbeitslosigkeit machte Millionen Arbeiter erneut zu Bittstellern, die froh sein konnten, irgendeinen Job zu ergattern. Was vorher an Stolz und Selbstrespekt erlangt worden war, zerrann zwischen den Fingern. In Deutschland gab es sechs Millionen Arbeitslose, die von Gelegenheitsjobs lebten, im Wald Holz sammelten, jede Woche für ein paar Kreuzer Arbeitslosenunterstützung »stempeln« gehen mussten oder in Hoffnungslosigkeit versanken. Gerade die Männer waren in ihrem Ideal des »Familienernährers« auf eigene Weise betroffen, in ihrer ganzen Existenz und Identität bedroht. In den USA und in Großbritannien war das nicht viel anders. So erzählt ein Arbeitsloser, der zuvor in der Werbebranche tätig war, in den dreißiger Jahren »von der Verzweiflung und dem Horror, in Schulden zu versinken, und darüber, nicht mehr der Brotverdiener für seine Frau sein zu können. Er beschreibt, wie verbittert er gegenüber den Politikern aller Parteien wurde [...], wie dünn die Linie zwischen Respektabilität und Armut war«.[3]

Arbeit und – bescheidener – Wohlstand hieß eben immer auch Respekt. Armut und Absturz, ja selbst die Absturzgefährdung wurden hingegen als Verlust jeder Respektabilität erlebt. Als Geschehen, das die ganze Person, das »Ich« untergräbt.

Es folgten: Aufstieg von Faschismus und Nationalsozialismus, die Errichtung von Diktaturen in Deutschland, Italien und anderswo. Kriegsvorbereitung in den Diktaturen, aber auch in den demokratischen Staaten. Kriegswirtschaft. Im nationalsozialistischen Kosmos der große Zivilisationsbruch, Auschwitz, Buchenwald, Mauthausen. Sieg der Alliierten, Niederlage der Nazis und ihrer Verbündeten, Verwüstung in halb Europa. Diese Vorgänge sind von Land zu Land so unterschiedlich, die Rolle »der einfachen Leute« in Nazi-Deutschland mit der in Großbritannien nicht vergleichbar, die Jahrhundertkatastrophe so exzeptionell, dass sie sich schwer in ein Modell einpassen lässt. Und dennoch gibt es bemerkenswerte Muster, die fast überall ähnlich sind. Die Kriegswirtschaft stärkte wie schon im Ersten Weltkrieg den Status der Arbeiterschaft. Da der Krieg sowohl auf der Seite des nationalistischen Faschismus als auch auf der Seite der Demokratien als »nationale Kraftanstrengung« propagandistisch überhöht werden musste, war es notwendig, einen Geist des nationalen Zusammenhalts zu beschwören, mit dem sich die Betonung von Klassenunterschieden nicht vertrug. Wer Arbeiter in den Krieg schicken und für eine – scheinbar oder auch tatsächlich – »gerechte Sache« mobilisieren will, kann ihnen nicht gleichzeitig das Gefühl geben, Bürger zweiter Klasse zu sein. Deswegen ist Krieg, was seine Schrecklichkeit nicht mindert, zumindest seit der Ära der Massenkriege auch ein Motor egalitärer Empfindungen. Dieser Egalitarismus verlieh Franklin D. Roosevelts Sozialreformen in den USA ebenso Schwung wie später dem Aufbau des (ursprünglich von dem Liberalen William Henry Beveridge konzipierten) britischen Wohlfahrtsstaats unter den Labour-Politikern Clement Attlee und Nye Bevan. Auch in anderen Ländern wurde nach 1945 das Netz der sozialen Sicherheit ausgebaut und mit starkem Arbeitnehmerschutz sowie einer auf Vollbeschäftigung ausgerichteten Politik kombiniert. Über ein paar Jahrzehnte hinweg formierte sich so überall die Arbeiterklasse, wie sie für die Phase bis etwa 1975 typisch wurde.

Der britische Historiker Eric Hobsbawm war überhaupt der Ansicht, dass die »Arbeiterklasse« eigentlich erst nach dem Ende des Zeitraums entstand, den Thompson in seinem Buch über ihre Entstehung behandelte – also in den letzten Jahrzehnten des 19. Jahrhunderts und in den ersten des 20. Jahrhunderts. Erst jetzt verfestigte sich die rigide Trennung der Wohngegenden: Arbeiterstädte und Werkssiedlungen schossen aus dem Boden. Damit kam es auch zu einer sozialen Entmischung: Hatten die Elendsviertel und Arbeiterquartiere zuvor vielerorts bloß ein, zwei Ecken hinter den Hauptstraßen begonnen, wo die Bürgersleute wohnten, gab es jetzt räumlich getrennte Viertel für die unterschiedlichen Milieus.

Bei aller internationalen Vereinheitlichung hatte die Arbeiterklasse immer einen starken lokalen Geist. Während die Mittelschicht in ihrer Lebensweise gleichförmiger wurde, kultivierte die Arbeiterklasse regionale Identitäten, Eigentümlichkeiten und Dialekte. Arbeiter gehörten zu den begeistertsten Anhängern der lokalen Fußballvereine.[4] Überhaupt war Arbeiterklasse immer auch eine spezifische Freizeitkultur, zumindest ab dem Moment, wo es Freizeit und ein kleines bisschen Wohlstand gab. Zunächst waren die Arbeiterwirtshäuser praktisch die einzigen Orte der Vergesellschaftung, und die Arbeitererinnerungen (in diesem Fall: Arbeiterinnenerinnerungen) aus den ganz früheren Jahren sind auffällig oft geprägt vom Lamento über die Männer, die am Samstag ihren Wochenlohn entgegennehmen und am selben Abend gleich wieder vertrinken. Dieses Problem ist nie völlig verschwunden, aber mit zunehmendem Wohlstand und einer gewissen Disziplinierung rückten andere Formen der Erholung und Zerstreuung in den Vordergrund. Spätestens ab der Wende vom 19. zum 20. Jahrhundert entstand dann »die Arbeiterklasse der Pokalendspiele, der Fish-und-Chips-Buden, der Tanzpaläste und der Labour Party«, wie Hobsbawm das nennt.[5]

Nach und nach hatten Arbeiterklassenfamilien »Urlaub, mehr Freizeit und auch Luxusgüter daheim«, fasst Selina Todd die Entwicklung zusammen, die »Popularität der Tanzhallen war ein Exempel für den Freizeitboom in der Arbeiterklasse«.[6] Todd zitiert das Selbstzeugnis des 20-jährigen Frank, der im englischen Coventry in einer jener Autofabriken unterkam, »die gute Löhne und großzügige Überstunden zahlten«: »Autos kamen auf, und Motorräder. Du konntest dir kein Motorrad leisten, du konntest dir kein Auto leisten, also war das nächste Ding ein Fahrrad.« Jedes Wochenende bereiste er Warwickshire mit einem lokalen Radclub.[7]

Schon ab den dreißiger Jahren, rekonstruiert Hobsbawm anhand historischer Quellen, »gewinnt der Urlaubsverkehr zu Ostern, Pfingsten und im August an Bedeutung«.[8] Arbeiter konnten in die Ferien fahren, an einen See vielleicht oder sogar ans Meer. »Außerdem«, betont Hobsbawm, »sollten wir das Aufkommen und die Institutionalisierung des Kaufs auf Ratenzahlung nicht außer Acht lassen, der die Umgestaltung der Innenausstattung der Arbeiterwohnungen ermöglichte.«[9]

Schon seit ca. 1900 hatten Theoretiker von einer »Verbürgerlichung« der Arbeiterklasse gesprochen. Mit dem Aufstieg in die unteren Mittelschichten und der Orientierung an als »kleinbürgerlich« apostrophierten Idealen wurden die entsprechenden Debatten nun immer lauter. Aus der Sicht radikaler Linker, die das Proletariat lieber das Winterpalais als die Einrichtungshäuser hätten stürmen sehen, mochte diese Diagnose überzeugend sein, aber ganz richtig war sie nicht. Was die Arbeiter entwickelten, war keine »bürgerliche« Kultur, sondern eben die zeitgenössische »Kultur der Arbeiterklasse«. Während die sozialistischen Parteikader eher ein asketisches Ideal favorisierten, hatten die von ihnen vertretenen Arbeiter profanere Konsumwünsche. All das konnte aus heutiger Sicht pittoreske, ja rührende Formen annehmen: Kaum zu bescheidenem Wohlstand gekommen, bezogen Arbeiterfamilien ab den zwanziger Jahren Wohnungen mit Küche, Schlaf- und einem Wohnzimmer, das oft – etwa in Bayern und anderswo in Süddeutschland – als »gute Stube« bezeichnet und mit feinen Möbeln, Nippes und Häkeldecken eingerichtet wurde. Dabei blieb diese »gute Stube« praktisch ungenutzt. Sie war so »heilig«, dass sie nur an Festtagen betreten wurde. Für die Kinder der Arbeiterhaushalte war das immer etwas ganz Besonderes und mit einer gewissen Panik verbunden. Wehe, du machst in der »guten Stube« etwas kaputt oder schüttest ein Wasserglas um!

Es waren die Arbeiterbewegung und die Arbeiterparteien, die diese Fortschritte überall durchsetzten, aber nicht alle Anführer dieser Arbeiterbewegung und schon gar nicht die Idealisten in ihren Reihen waren darüber glücklich. Sozialistische Literaten, formuliert Hobsbawm ironisch, hatten eine »lebhafte Abneigung gegen vieles, was die Lebensweise der Arbeiterklasse ausmachte«. Sie hegten »Abscheu«, »Spott«, »Verachtung« für das, was sie als die »Dummheit und Trägheit der proletarischen Massen« ansahen.[10]

Das Streben nach einem kleinen Luxus, der die Härte des Lebens wenigstens für einen Augenblick erträglicher macht, war übrigens nicht nur in den besser situierten Arbeitermilieus zu finden, sondern auch in den ärmeren. Durchaus verständlich, wie George Orwell anmerkt: »Sie senken ihre Ansprüche nicht unbedingt in dem Sinn, dass sie auf Luxusartikel verzichten [...], öfter ist es umgekehrt – und natürlicher, wenn man es sich recht überlegt. [...] Man hat vielleicht nur drei Halfpence in der Tasche, überhaupt keine Zukunftsaussichten und als Zuhause nur eine Ecke in einem undichten Schlafzimmer; aber man kann in seinen neuen Kleidern an der Straßenecke stehen und sich in einem privaten Tagtraum als Clark Gable oder Greta Garbo vorkommen, was einen für eine ganze Menge entschädigt.«[11]

Es ging so weiter: Motorrad, Urlaub, »gute Stube«. In den fünfziger Jahren die Fernsehapparate, dann das Auto als das Symbol dafür, jetzt endgültig zu richtigem Mittelklassewohlstand gekommen zu sein. Ananasscheiben aus der Dose – was für ein exotischer Luxus. Man lebte das soziale Leben im Kollegenkreis, die Arbeiterfamilien trafen sich am Wochenende, es war die Welt der Würstelbuden und Biergärten, man grillte zusammen, manche hatten schon Schrebergärten und später sogar Wochenendhäuser. Die Stabilität der Beziehungen wurde durch Arbeitsplatzsicherheit, die moralische Sozialordnung im Betrieb, durch lange Betriebszugehörigkeit und die Identifikation mit der Firma noch gesteigert. »[I]ch bin heute noch für Siemens, für meine Werkstatt, weil ich sag, wenn man 35 Jahre in einer Werkstatt ist, fast am selben Arbeitsplatz ist, dann kann man doch sagen, dass man mit der Werkstatt verwachsen ist«, erklärte ein Nürnberger Arbeiter in den achtziger Jahren. Die Arbeiterklasse grenzte sich selbstbewusst ab, war aber zugleich der Firma und dem Management eher im Konsens als im Konflikt verbunden: »Heute zeigt sich, dass das Verhandeln doch besser ist als wie ein Streik«, so der Arbeiter.[12]

Konflikt und Konsens waren auf komplexe Weise verwoben. Arbeitermacht stellte sich der Macht der Betriebsführung entgegen, konnte aber auch auf Entgegenkommen setzen und zeigte umgekehrt Verständnis für die Notwendigkeiten des Managements. Nachdem schon ab den zwanziger Jahren Fließ- und Förderbänder sowie Fertigungsstraßen eingeführt worden waren, die sich an den tayloristischen Prinzipien der Zerlegung und Beschleunigung von Arbeitsschritten orientierten, wurden die Produktionsabläufe nun noch weiter rationalisiert, was die Belegschaften jedoch meist nicht prinzipiell bekämpften – sie wussten, dass ihre Unternehmen im Wettbewerb mit Konkurrenten standen und dass Rationalisierungsmaßnahmen nötig waren, wenn man seinen Arbeitsplatz nicht durch den Bankrott der Firma verlieren wollte. Zugleich widersetzte man sich jedoch besonders ausbeuterischen Taktzahlen. Wer zu schnell arbeitete, wurde von den Kollegen zurückgepfiffen, der höllische Akkord wurde bekämpft. Die Opfer völlig entfremdeter Fließbandarbeit nannte man »Fordleichen« – in Anlehnung an die amerikanische Autofirma, die diese Methoden als Erste und in besonders radikaler Form eingeführt hatte.

In der Regel wussten die Fabrikleitungen aber ganz genau, dass sie die Konsensbereitschaft der Arbeiter nicht überfordern durften, wollten sie weiter eine loyale Belegschaft haben. Viele Anekdoten zeugen vom Geist dieser Zeit. Beim Stahlkonzern Vöest in Linz gab es beispielsweise den Fall, dass Arbeitsteams ordentlich malochten, während jüngere Kollegen, die gerade ein Haus bauten, also am Sonntag daheim stemmten und mauerten, montags in einer Röhre am Rand der Werkshalle ausschlafen konnten. Das war gewissermaßen informelles Recht, das auch die Werksleitung akzeptierte. Sie wusste: Die anderen erledigten in Solidarität mit dem schlafenden Kollegen dessen Arbeit, und dieser Zusammenhalt nutzte langfristig auch dem Unternehmen. Bei Auftragsspitzen schuftete das Team gemeinsam, Belegschaften mit starkem Zusammenhalt und hoher Arbeitszufriedenheit waren generell motivierter, die Mitarbeiterfluktuation geringer. Aufgrund der politisch-institutionellen Ordnung hatten außerdem die Betriebsräte viel Macht, gerade in der Großindustrie.

Vieles von alldem wurde in der zweiten Hälfte des 20. Jahrhunderts für die meisten westlichen Industriestaaten typisch, bei allen Unterschieden im Detail. Die Arbeiterklasse konnte sich zentral fühlen, nicht mehr am Rand der Gesellschaft. Man musste sich »von oben« nicht länger arrogant behandeln lassen. Die Voraussetzungen dafür waren eine Sozialordnung, die Achtung vor den »einfachen Leuten« normal machte, eine ökonomische Struktur, die es mit der Konkurrenz nicht übertrieb, und vor allem eine gute Konjunktur, die Vollbeschäftigung sicherte. In Detroit war das nicht sehr viel anders als in Coventry, Nürnberg, Steyr, Reims oder Duisburg. Die Kultur der Arbeiterklasse wurde zur »Kultur des einfachen Volkes«, und Begriffe wie »Arbeiterklasse«, »Volk« und »einfache Leute« meinten nun im Grunde dasselbe.

Was diese Welt und diese Zeit auszeichnete, war Sicherheit. Sicherheit war die Basis, auf der alles andere aufbaute: Respekt, Selbstrespekt, Achtung, Zukunftszuversicht und die Gewissheit, aus seinem individuellen Leben etwas machen zu können. Sicherheit ist nämlich, anders als uns der heutige Zeitgeist glauben machen will, nicht das Gegenteil von Selbstverwirklichung und Individualismus, sie ist deren Voraussetzung. Nur wer sicheren Boden unter den Füßen hat, kann auch Risiken eingehen. Nur wer Planungssicherheit hat, kann auf dem zweiten Bildungsweg Kompetenzen erwerben, die für eine gute Karriere nötig sind. Nur wer Sicherheit und einen gewissen Wohlstand genießt, kann seinen Kindern höhere Bildung ermöglichen, die wiederum die Voraussetzung für den Aufstieg in die Mittelklasse ist.

So golden, wie es im Rückblick scheint, waren diese Jahrzehnte natürlich dennoch nicht. Selbst wenn das grobe Unrecht aus dem Leben der arbeitenden Klassen allmählich verschwand, galt dies doch nie für die kleinen, aber stetigen Verletzungen. Ein System mit klar umrissenen Klassen ist ein System begrenzter Freiheit. Man befolgt Kommandos. Befehlsempfänger zu sein berührt auch Würde und Selbstwert. Niemand, sagte der französische Philosoph Michel Foucault einmal in einem Interview, »lässt sich gerne gängeln, auch wenn es zahlreiche Beispiele für Situationen gibt, in denen Herrschaft akzeptiert wird«.[13]

Die arbeitenden Klassen waren nach wie vor mit abwertenden Blicken konfrontiert. Noch der freundlichste Boss markierte Statusunterschiede, war Befehlsgeber und konnte zur Herablassung neigen. »Mit Respekt behandelt werden ist nicht dasselbe, wie einen fetten Gehaltsscheck zu bekommen«,[14] formulierte es Richard Sennett vor fünfzig Jahren in seinem Buch *The Hidden Injuries of Class*. Snobismus, Arroganz, Gängelung, Machtgefälle – all das ist beschämend in einer Gesellschaft, zumal dann, wenn eigentlich gesetzt ist, dass die Menschen sich gegenseitig als Gleiche begegnen.

Und diese Arroganz ist natürlich nie verschwunden: Jeder Arbeiterjugendliche ist damit aufgewachsen.

Doch just in jenem historischen Moment, als man den Eindruck haben konnte, die Position der »einfachen Leute« sei gesichert, die klaren Unterschiede in Rang, Einkommen und symbolischem Status würden sich in einer »nivellierten Mittelstandsgesellschaft« (so nannte sie der deutsche Soziologe Helmut Schelsky) abschwächen oder gar auflösen, begannen neue subtile Differenzierungen zu entstehen, die kleinere, aber markante Abwertungen zur Folge hatten. Die Ausdifferenzierung der Gesellschaft und der Aufstieg des Individualismus machten es plötzlich zu einem allgemein anerkannten Wert, etwas Besonderes sein zu wollen. Da war dann von den »talentierten Einzelnen« die Rede, und man musste die »normalen Leute« gar nicht mehr »dumm«, »beschränkt«, »durchschnittlich« nennen, weil sich implizit eh von selbst verstand, dass »normal« nichts Erstrebenswertes war, sondern dass nur das Besondere zählt. Die vielen normalen Menschen wurden mit einem Mal wieder zur »grauen Masse«, und diese »Distinktionen sind begleitet von einer Moralität der Beschämung und der Selbstzweifel«, so Richard Sennett:[15] »Die schreckliche Sache mit der Klasse ist in unserer Gesellschaft, dass sie einen Wettstreit um Würde auslöst. Wenn du eine Person aus der Arbeiterklasse bist und wenn du jahrelang erlebt hast, dass dich Leute aus einer höheren Klasse so behandeln, als wäre nichts Bemerkenswertes oder Spezielles an dir, was ihre Aufmerksamkeit erregen könnte, dann hast du das Gefühl, dass sie da möglicherweise einen Punkt haben, was die Entwicklung deines Selbst betrifft, sogar wenn du diese Behandlung widerlich findest.«[16]

Die alte Arroganz war plötzlich wieder da, kam aber mit einer neuen Sprache daher – und teilweise auch von unerwarteter Seite. Es gab und gibt viele Quellen solcher subtilen Verletzungen. Alte dauern fort oder kehrten in veränderter Gestalt zurück, neue sind hinzugekommen.

Die Kinder der Arbeiterklasse vollzogen scheinbar einen Bildungsaufstieg, doch viele hatten mit (teils unsichtbaren)

Hürden zu kämpfen, die diesen Aufstieg erschwerten, ihre Lebenschancen begrenzten oder sie ganz scheitern ließen. In den Schulen wurden (und werden) Kinder aus der Arbeiterklasse selbst von wohlwollenden Lehrern mit stillschweigenden Voranahmen empfangen, etwa dass sie sich »nicht so gut konzentrieren« können, dass sie »schlimm« oder »Rabauken« sind und dass für sie ohnehin nur eine eng begrenzte Schullaufbahn möglich sei. Kinder aus den Ober- und Mittelschichten können dagegen mit dem Vertrauensvorschuss rechnen, sie seien es gewohnt, mit Bildung und Wissen umzugehen, sie hätten ein »gutes Benehmen« usw. Lehrer agieren sehr oft entlang von Erwartungen, die genau diese Erwartungen Wirklichkeit werden lassen. Kinder aus der Arbeiterklasse spüren, dass Schule für sie nur ein Warteraum ist, ihnen aber nichts bringt. Sie haben von sich den Eindruck, dass sie die geforderten Aufgaben schlechter können als die »besseren Kinder«, sie fühlen sich dumm und geben sich selbst die Schuld. Um sich Respekt zu verschaffen, reagieren (gerade männliche) Schüler dann bisweilen mit Verhaltensweisen, von denen sie denken, dass sie sie besser beherrschen, mit einem Harte-Jungs-Getue etwa. Was erst recht die Voranahmen bestärkt, die sie in diese Lage gebracht haben. Pierre Bourdieu schrieb über diesen Typ Schüler: »Da er sich selbst aus dem Üben und Lernen ausklinkt, versinkt er immer tiefer im Scheitern und im Kreislauf der Ablehnung, der das Scheitern noch verstärkt.«[17]

Zurück in die eigentümliche Übergangszeit der sechziger und siebziger Jahre: Die Arbeiterklassenkultur verband wie eh und je Elemente einer traditionellen Volkskultur mit Werten und Normen, die progressiv und konservativ zugleich waren. Innerhalb der plebejischen Klassen herrschte Konformitätsdruck und nicht zuletzt auch eine Kultur der feinen

Unterschiede. Fast jeder Arbeiterjugendliche, der in einer Familie aufwuchs, die sich nach oben orientierte, hörte praktisch wöchentlich den Satz: »Was sollen die Nachbarn denken?« Viele Kinder aus der Arbeiterklasse, die den Bildungsaufstieg schafften (und auch Arbeiter, denen es im Lauf ihrer Karriere gelang, sich an die neuen Verhältnisse anzupassen), fühlten sich in diesen plebejischen Milieus zwar einerseits wohl und beheimatet, andererseits empfanden sie sie jedoch – nicht ganz zu Unrecht – als engstirnig, unmodern, ja vielleicht sogar als hinterwäldlerisch. Die neuen Rebellionen, kulturell repräsentiert von Typen wie James Dean, John Lennon oder Mick Jagger, waren auch Rebellionen gegen den Konformismus der arbeitenden Klassen und gegen Werte wie Disziplin, Arbeitsethos und Aufstiegsorientierung. Die moderneren Fraktionen setzten sich von weniger beweglichen allmählich ab, was von denen, die diese Absetzbewegung nur zu gut spürten, als arrogant erlebt wurde – wenn nicht gar als Verrat.

In einer eindrücklichen Passage skizziert Richard Sennett in seinem Buch über die »verborgenen Verletzungen durch Klassenzugehörigkeit«, wie solche Beschämungen in alltäglichen Gesprächen funktionieren und wie dabei oft verschiedene Werthaltungen aufeinandertreffen, die alle auf ihre Weise als »ungut« bezeichnet werden können. Das Spektakulärste an der Szene ist, dass sie zwar vor einem halben Jahrhundert stattfand, Ende der sechziger Jahre, dass sie aber schon alle Ingredienzien jener Debatten aufweist, auf die wir bei heutigen Auseinandersetzungen über Rassismus/Antirassismus und die »politische Korrektheit« stoßen.[18]

Sennett berichtet von einem Gespräch mit sechs Frauen, deren Kinder alle denselben Kindergarten oder dieselbe Vorschule besuchen. Sie alle kommen aus der weißen Arbeiterklasse oder den »unteren Mittelschichten« und sind offensichtlich schon seit vielen Jahren gut miteinander bekannt. Dolly und Myra geraten in eine Diskussion über »interracial marriages«, an der sich die anderen nur gelegentlich beteiligen. Es beginnt mit der Frage: »Was wäre, wenn Ihre Tochter einmal einen Schwarzen als Freund hat oder heiratet?«

Dolly antwortet: »Vielleicht bin ich bigott.« Und setzt dann fort: »Ich fühle, ich mag die nicht. Ich mag das nicht ...«

Myra: »Ich wäre glücklich. Meine Kinder haben viele schwarze Freunde.« Allerdings wendet sie ein: »Ich würde meine Tochter nicht ermuntern. Ich würde es mir nicht einmal wünschen, weil ich nicht will, dass sie verletzt wird. Und sie würde verletzt von den Bigotten in unserer Gesellschaft.« Dennoch: »Ich würde, wenn es so käme, ihn mit offenen Armen empfangen. Ich würde die wunderbare Person sehen wollen, nicht den Schwarzen ... Weißt du, erinnern wir uns, wenn ich einen Iren heimgebracht hätte, meine Mutter hätte mich durch das Fenster geschmissen.«

Dolly: »Aber du willst es nicht.«

Myra: »Weil die Gesellschaft bigott ist ... Vor ein paar Jahren noch, wenn du eine weiße und eine schwarze Person Hand in Hand gesehen hättest, hätten alle auf die beiden gestarrt, bis sie vor Scham ohnmächtig geworden wären.«

Eine andere Frage taucht auf: »Würden Sie ein Haus an eine schwarze Person vermieten, wollen Sie neben ihr wohnen?«

Myra: »Es würde mich nicht kümmern, ich würde keine Minute zögern.«

Dolly: »Nein, ich würde das nicht wollen. Ich will das nicht. Ich weiß schon, sie sind genauso wie alle, es gibt so viele tolle schwarze Menschen wie weiße Menschen ...«

Myra: »Aber wenn deine Tochter einen Schwarzen heimbringt?«

Dolly: »Ich würde sterben ... Ich will solche Enkel nicht.«

Das Gespräch zieht sich. Dolly weiß, dass sie diese Gefühle hat. Sie weiß, dass diese Gefühle nicht okay sind. Sie ahnt, dass auch Myra diese Gefühle hat, jedenfalls nimmt sie ihr die zur Schau gestellte Aufgeschlossenheit nicht ab. Die meisten in der Runde sind stumm geblieben, fühlen sich aber offenkundig unwohl.

Sennett unterbricht an der Stelle den Bericht und reflektiert über das Geschehene. In diesem Gespräch habe eine unsichtbare, stumme Autorität eine magnetische Wirkung auf Myra ausgeübt – der Interviewer. Auf ihn hat sie sehr oft geschaut, wenn sie ostentativ gegen Dolly argumentiert hat. Als sei sie auf der Suche nach Anerkennung für ihre aufgeklärten Ansichten. Dabei seien es gar nicht unbedingt ihre Ansichten selbst gewesen, die durch den Interviewer geprägt wurden, sondern die Art, wie sie sie vortrug, die Art, wie sie Dolly in die Situation brachte, ihre bigotten Ansichten zu »gestehen«. Alle hätten das Gefühl gehabt, sie dränge Dolly in eine Haltung, um sich von ihr abzusetzen, und zwar unter den Bedingungen der Beobachtung durch eine äußere Instanz, die für die »modernen, allgemein anerkannten fortschrittlichen Ansichten« steht. Myra argumentierte für die »richtige Sache«, also die aufgeklärte, gebildete Haltung, erhob sich dabei jedoch über das Milieu, in dem sie selbst lebte, aus dem sie stammte. Simpel gesagt: Sie wollte von der äußeren Instanz anerkannt werden und wertete dafür ihre Freundin ab.

Myras Worte drücken eine Zuneigung zu humanistischen Werten, eine Liebe zu allen Menschen aus, aber der reale Ablauf der Szene und die Subtexte sprechen zugleich eine andere Sprache: Sie beschämte ihre Bekannten und wies sie zurück – als altmodisch, nicht modern, nicht fortschrittlich genug. Sennett fasst die Gedanken der Beteiligten so zusammen: »Wenn sie wirklich so tolerant ist, warum benutzt sie dann ihre Toleranz, um uns zu verraten?«

Es kommt noch etwas hinzu, beobachtet Sennett: Wenn Myra an einer Stelle sagt, dass sie das Verhalten von Dolly als »dumme, ungebildete Weise, zu sprechen, empfindet«, dann positioniert sie sich selbst als denkendes Individuum, Dolly dagegen als jemand, der nur die dummen Meinungen der Masse nachplappert. Dolly wird als Person unsichtbar gemacht, bekommt zu spüren, dass sie nicht das ausreichende Maß an moderner Individualität erreicht hat. Myra wiederum hat Angst, ihre Freunde könnten sie nach unten ziehen.

Sennetts Passage ist in ihrer mikroskopischen Art, in einer kleinen Episode wichtige Veränderungen des Zeitgeistes einzufangen, sehr aufschlussreich – und noch aufschlussreicher ist, wie hellsichtig Sennett die Szene schon vor fünfzig Jahren interpretiert hat. Es wird die »gute Meinung« vertreten, aber zugleich auf eine Weise, die als »nicht gut« empfunden wird. Es wird für die »Gleichheit aller Menschen« argumentiert, aber zugleich einem Distinktionsbedürfnis nachgegeben, das wiederum anderen, vielleicht unsichtbareren Ungleichheiten Vorschub leistet. Gewiss: Schwarze Menschen, wären sie anwesend, müssten sich durch Dollys Verhalten gemobbt fühlen. Zugleich fühlt Dolly sich von Myra gemobbt, ebenfalls völlig zu Recht. Dolly merkt, dass Myra sich von ihrem Herkommen verabschiedet, dass sie sich für ihre Freundinnen schämt. Was die natürlich sofort spüren.

Szenen dieser Art haben sich in den folgenden Jahrzehnten vielleicht millionenfach ereignet. Sie wiederholen sich bis heute, nun auch in anderen Milieus (etwa in den Familien der Migranten, bei den Kindern der »Gastarbeiter«-Generation). Klassenmobilität und Bildungsaufstieg führten zur Entfremdung der Kinder von ihren Herkunftsmilieus und zu Entfremdung zwischen den »moderneren« Teilen der Arbeiterklasse und den eher traditionell eingestellten. So entstanden, oft einfach durch gesellschaftlichen Wandel und kulturelle Modernisierung, neue Quellen subtiler Verwundungen, die den »einfachen Leuten« das Gefühl geben können, man sehe auf sie herab. Respektiere sie nicht. Nehme oft nicht einmal ihre Probleme ernst. Behandele sie wie Dummköpfe.

Und dabei war von den ökonomischen Veränderungen, die später zum Verlust von Status- und Existenzsicherheit führen sollten, zu Beginn dieser Phase noch gar nichts zu spüren.

5. Das Gefühl, jederzeit ersetzbar zu sein

Wenn sich wirtschaftliche Aussichten verdunkeln, dringt ökonomischer Stress ins Leben ein. Die Preise steigen, die Löhne halten nicht mit. Wer arbeitslos wird, fühlt sich ersetzbar, wer lange arbeitslos bleibt, dessen Lebensstandard sinkt merklich, es droht ein Zustand chronischer Depression. Wenn die Betroffenen spüren, dass sie als Individuen abgewertet werden, untergräbt das ihr Selbstwertgefühl, und wenn ganze gesellschaftliche Großmilieus den Eindruck gewinnen, dass sie an die Peripherie der Gesellschaft gedrängt, dass ihre Werte und Normen nur mehr belächelt und als vorgestrig angesehen, ihre Kompetenzen als belanglos entwertet werden, dann schlägt die chronische Frustration irgendwann in Wut um. Es hat deshalb keinen Sinn, ökonomische Prozesse und psychopolitische Dynamiken getrennt zu behandeln, als wären es unabhängige Erscheinungen. Sie sind nicht nur verbunden, sie sind zwei Seiten einer Medaille.

Lange Abhandlungen über die »Globalisierung«, über eine neue »Prekarisierung« und über die dramatisch ansteigende »Ungleichheit«, über endemische Konkurrenz, »Deindustrialisierung«, »Automatisierung« und den »Strukturwandel« füllen mittlerweile ganze Bibliotheken. Die Anklagen gegen den ideologischen Geist des »Neoliberalismus« sind so zahlreich wie die Sandkörner am Meer, und auch die Diagnose einer endemischen »Entsolidarisierung« ist den meisten bekannt. Aber dennoch beginnen wir die wirkliche Bedeutung und die Tiefenwirkung der Geschehnisse erst langsam richtig zu verstehen.

Unter »Strukturwandel« verstehen wir, grob gesprochen,

den Rückgang von Arbeitsplätzen im produzierenden Gewerbe, aber auch das sukzessive Verschwinden der früheren Leitfigur des Arbeitnehmers – nämlich des Industriearbeiters; die Ausbreitung völlig neuer Beschäftigungsformen und Jobwachstum im Dienstleistungs- und zum Teil auch im staatlichen Sektor, also in Bildung, Verwaltung, im Gesundheitswesen.

Die krassesten Erscheinungsformen haben wir alle vor Augen: den Untergang ganzer Branchen, etwa des Kohlebergbaus in Nordengland, der Werften an der deutschen Nord- und Ostseeküste oder der metallverarbeitenden Industrie in der Obersteiermark; die Verheerung ganzer Städte durch das Verschwinden von Leitbetrieben wie Grundig, AEG und Quelle in Nürnberg. Solche Niedergänge haben dramatische Auswirkungen, und selbst wenn der Strukturwandel geschafft ist, wenn die Beschäftigungszahlen wieder hochgehen, die Arbeitslosigkeit sinkt und sich neue, moderne Unternehmen angesiedelt haben, bleiben traumatisierte Regionen zurück. Man weiß, was einem passieren kann. Die Katastrophe steckt allen in den Knochen. Die Menschen haben ja nicht nur ihre Stellen verloren, sondern auch all das, was mit Arbeit sonst noch verbunden ist – ihre sozialen Netzwerke, ihr Verwobensein in eine Gemeinschaft sowie den Beruf, der ihre Tage strukturierte, ihnen Identität bot und eine Stellung in der Gesellschaft garantierte, aus der sich ein gewisser Stolz speiste. Sie erleiden eine Art »sozialen Tod«, wie das der deutsche Wirtschaftshistoriker Lutz Raphael nennt.

In seiner monumentalen Studie *Jenseits von Kohle und Stahl*[1] hat Raphael die Geschichte der Deindustrialisierung nachgezeichnet. Er betont, dass es selbst in den Branchen, die sich behaupten konnten – in Westeuropa etwa die Chemie-, Rüstungs- und die Elektroindustrie, der Maschinen- und Automobilbau –, zu massiven Jobverlusten kam. Der Grund dafür waren genau die Rationalisierungswellen und Produktivitätssteigerung, die es diesen Industrien erlaubten, sich im internationalen Wettbewerb zu bewähren. Von diesen Tendenzen waren natürlich nicht nur Arbeiter in der Fertigung betroffen, sondern auch Angestellte sowie Leute im Dienstleistungssektor, von den Banken über die Datenverarbeitungsunternehmen bis hin zum Journalismus. Auch hier wurde das Gefühl der Sicherheit durch das einer permanenten Gefährdung ersetzt. Beschäftigte sagen in Gesprächen dann gerne: »Mir geht es ja noch gut, aber ...«, und übernehmen damit die Konkurrenzlogik, bei der stets alles auf Messers Schneide steht: Wenn wir nicht kostendeckend arbeiten, »braucht man uns irgendwann mal nicht mehr«.[2]

Es kann jederzeit auch dich erwischen. Du weißt, dass immer einer da ist, der es womöglich billiger macht. Ein paar Zahlen aus Österreich vermitteln einen Eindruck davon, wie viele Leute das mittlerweile akut betrifft: Mehr als zehn Prozent der Beschäftigten befürchten, dass sie innerhalb der nächsten sechs Monate ihren Arbeitsplatz verlieren werden. Zwar ist die Arbeitslosenrate mit knapp fünf Prozent relativ gering, allerdings ist eine bemerkenswert hohe Zahl von Menschen von temporärer Arbeitslosigkeit betroffen: Von den rund eine Million Beschäftigungsverhältnissen, die im Jahr 2010 neu aufgenommen wurden, waren etwa 78 Prozent innerhalb von zwei Jahren wieder beendet. Ermittelt man zu einem bestimmten Stichtag die Zahl der Arbeitslosen, mag sie bei »nur« ca. 400 000 liegen. Im Verlauf eines ganzen Jahres sind aber knapp eine Million Menschen irgendwann von Arbeitslosigkeit betroffen. Bei einer Einwohnerzahl von knapp acht Millionen (da sind schon alle Kinder und Rentner inbegriffen) eine bemerkenswert hohe Zahl. Selbst wenn Langzeitarbeitslosigkeit kein so großes Problem ist, betrifft die chronische Arbeitsmarktinstabilität einen signifikanten Teil der Bevölkerung.

Lutz Raphael spricht vom »Abschied vom Malocher«.[3] Die Großfabrik als Bezugspunkt industrieller Arbeitsbeziehungen verliert an Bedeutung. Für Leute ohne besonders gute Qualifikationen gibt es immer weniger gute Jobs, sondern nur Mini-Jobs und prekäre Stellen. Das erschwert vor allem jungen Leuten aus der Arbeiterklasse den Berufseinstieg und verlängert die Lebensphase schlechter temporärer Beschäftigung. Insbesondere bei jungen Männern mit Migrationshintergrund führt das zu sozialen Problemen, die dann in der öffentlichen Debatte als »Integrationsprobleme« verhandelt – und damit kulturalisiert – werden. Frauen, die sich allmählich in Industrieberufe hineingearbeitet hatten, fallen aus diesen Branchen übrigens beinahe gänzlich wieder heraus, aber weil der Beitrag der Frauen zum Familieneinkommen mittlerweile existenziell notwendig ist, übernehmen vor allem sie Jobs in der Pflege, im Bildungsbereich und in der sozialen Verwaltung. Jobs, die anfangs vielleicht als Notnagel erscheinen, dann aber oft mit einem höheren Sozialprestige verbunden sind als die der Männer, was ganz nebenbei auch die traditionelle Rollenverteilung durcheinanderbringen kann.

»Ein ganzer Teil der Bevölkerung, vor allem junge Leute, erscheint für Aufgaben von kurzer Dauer, für einige Monate oder ein paar Wochen, relativ vermittelbar und noch viel leichter wieder kündbar. Der Ausdruck ›ständiger Zeitarbeiter‹ ist kein böses Wortspiel«, schreibt der französische Soziologe Robert Castel über diese jüngste »Metamorphose der sozialen Frage«. Er spricht von »Prekarität als Geschick« und fragt: »Wie soll man sich in solchen Situationen einrichten und in solchen Verlaufskurven einen Lebensentwurf verankern?«[4]

Und er legt den Finger auch auf ein Dilemma des Sozialstaates, dessen Balance nur dann gegeben ist, wenn viele Menschen in regulären Normalarbeitsverhältnissen die sozialen Sicherheitsnetze finanzieren, die wenige Menschen in Ausnahmesituationen auffangen. Das bedeute allerdings, so Castel, dass »die Lohnarbeit der Sockel, aber auch die Achillesferse der sozialen Sicherung ist. Die Konsolidierung des Lohnarbeiterstatus ermöglicht die Blüte der Sicherung, während sein Prekärwerden erneut zu sozialer Unsicherheit führt.«[5]

Betriebe mit schrumpfenden Belegschaften verändern auch ihre inneren sozialmoralischen Ordnungen. Die Arbeitszufriedenheit nimmt ab, die Arbeiter ziehen sich mental ins Privatleben zurück, leiden »unter dem Verlust innerbetrieblicher Solidarität«, entwickeln eine »fatalistische Grundhaltung«, sind aber gerade deshalb umso mehr »an ihren Betrieb gefesselt«.[6] Der eigene Arbeitsplatz steigt schließlich im Wert, wenn man weiß, dass man für ihn nicht so leicht Ersatz finden wird. Man guscht (man hält die Klappe, um nicht aufzufallen). Raphael zitiert aus einer Studie über eine französische Möbelfabrik. Ein Mitarbeiter berichtet: »Die Leute sind vielleicht weniger motiviert, vielleicht verbittert, ich weiß nicht ... [...] Man hört Gerüchte, immer nur Gerüchte, also sind die Leute vollkommen orientierungslos.« Raphael rekapituliert die Stimmung in dem Betrieb: »Solidarität unter den Arbeitern [war] verloren gegangen, sie waren zu Einzelkämpfern geworden, von denen jeder hoffte, irgendwie ungeschoren davonzukommen [...]. Betriebliche Sozialordnungen reagieren prinzipiell besonders sensibel auf den Entzug von Vertrauen und auf zeitliche Ungewissheit.«[7]

Häufig ist von der »neoliberalen Ideologie« und vom »Individualismus« die Rede, wenn das Thema »Entsolidarisierung« aufkommt, und der herrschende Zeitgeist hat natürlich immer Auswirkungen darauf, wie Menschen sich und ihre Welt interpretieren. Aber vielleicht haben ideologische Metageschehnisse viel weniger Macht, als man gerne denkt. Nichts untergräbt schließlich Solidarität mehr als das Gefühl, dass man als Einzelkämpfer darauf achten muss, selbst zu überleben. Es ist die ökonomische Realität und die ganz handfeste Erfahrung, nicht der Überbau von Zeitgeisttheoremen, welche die Menschen zu dem resignierten Schluss gelangen lässt: »Ich kümmere mich nur mehr um mich selbst.«

Eine solche Lage begünstigt freilich nicht so sehr Protest als vielmehr frustrierten Rückzug. Castel spricht von »Atomisierung«: »Für die Konstituierung einer auf gesellschaftliche Veränderung bedachten Protestbewegung bestehen mindestens drei Vorbedingungen: eine an der gemeinsamen Lage ausgerichtete Organisation, das Vorhandensein eines alternativen Gesellschaftsentwurfs und das Gefühl, für das Funktionieren der Gesellschaftsmaschinerie unerlässlich zu sein. [...] Die Überzähligen von heute haben nichts von alledem. Sie sind atomisiert, können keine andere Hoffnung hegen, als ein bisschen weniger schlecht in der Gegenwartsgesellschaft gestellt zu sein, und sie sind gesellschaftlich nutzlos.«[8]

Wie sich im Lauf des 20. Jahrhunderts die Arbeiterklasse »von den Armen« in »das Volk« verwandelt hat, so hat sich ein Teil dieser Klasse seit den achtziger Jahren wieder retour verwandelt. In eine vielgestaltige Menge, die von Deprivation bedroht oder schon heimgesucht ist. Ohnmachtserfahrungen, chronische Verletzungserlebnisse, das Gefühl, dass man nicht einmal zählt, furcht sich in die Psyche ein. »Alle diese kleinen, gravierenden Kränkungen führen dann dazu, dass die Menschen sich immer mehr zurückziehen und Lebensängste entwickeln, Selbstzweifel, solche Gefühle von Versagen, versagt zu haben im Leben«, berichtet die Psychiaterin Juliane Krämer in einem Kapitel des auf Feldforschung gestützten Sammelbands *Gesellschaft mit beschränkter Haftung*. »Das waren dem Leben zugewandte Menschen, die ihre Kinder großgezogen haben, die Spaß am Leben hatten und die durch den Einbruch von Arbeitslosigkeit richtig, richtig schwer krank werden.«[9]

Und zu diesen ökonomischen und sozialen Verunsicherungen kommen dann noch die oben bereits angesprochenen kulturellen Verunsicherungen. Ein neuer Snobismus zieht ein, der die kulturellen Praktiken jener, die sowieso schon unten sind, auch noch lächerlich macht, erklärt Mike Savage in seinem Buch *Social Class in the 21st Century*. »Kulturelle Praktiken der Arbeiterklasse sind nicht nur als ›geschmacklos‹ markiert, sondern pathologisiert, als unmoralisch, falsch und kriminell.«[10] Alles ist plötzlich mit einem Klassenmarker versehen, vom Modelabel über den Supermarkt, in dem man einkauft, bis zum Essen, das man zu sich nimmt. »Klasse ist geografisch«, so die Diagnose. Nicht nur Lebensweisen werden stereotypisiert, auch Orte. »Wir verbinden bestimmte Orte mit Klassenstereotypen, sogar dann, wenn diese Stereotype zu grob für die sozioökonomische Komplexität unserer Gemeinden und Großstädte sind«.[11]

Natürlich gilt auch hier wieder: Vermeiden wir den Fehler, uns die von Unsicherheit und Herabwürdigung Betroffenen als homogene Gruppe vorzustellen. Nur eine Generalisierung ist empfehlenswert, nämlich: Generalisierungen können leicht in die Irre führen. Vom Abstieg bedrohte Menschen aus dem Anschein nach guten Stadtquartieren gehören ebenso zu dieser Gruppe wie junge Leute, oft mit Migrationshintergrund, die sich mit ein paar Jobs über Wasser halten müssen, Rentnerinnen, deren Lebensleistung entwertet wurde und die einen Statusverlust erleben, Arbeiter aus der traditionellen Arbeiterklasse, deren Viertel verfallen und die plötzlich damit klarkommen müssen, dass ihre Lebenswelt zum »Problembezirk« geworden ist. Die empfundene Ohnmacht hat zur Folge, dass die Schuld bei »denen« gesucht wird, was auch nicht immer falsch ist: bei den Eliten, die das nicht interessiert, bei den Stadtpolitikern, die sich nicht kümmern, bei den arbeitslosen Jugendlichen verschiedenster Ethnien, die dem Stadtbild eine bedrohliche Atmosphäre verleihen, sich gelegentlich auch danebenbenehmen. Oder vielleicht auch bei den modernistischen Mittelschichten, die dauernd vom »Wandel« sprechen, von dem diejenigen, die sich an den Rand gedrängt sehen, aber selten etwas haben. Je verletzlicher die Position, umso weniger will man von Wandel hören. Der Verwundbare schätzt nicht den Wandel, sondern Stabilität und Gemeinschaft. Für die oberen Schichten bedeutet Wandel, dass du dich weiterentwickelst oder ein Start-up gründest. Für die Arbeiterklasse heißt Wandel meist, dass du gefeuert wirst.

6. Ist die Arbeiterklasse rassistisch?

Erkan trägt eine Jacke mit einem Posthorn drauf und ein Polo-Shirt mit dem Post-Logo – er ist anscheinend ein Mitarbeiter der Post. Aber rechtlich gesehen ist Erkan ein Selbstständiger. Er fährt Pakete für die Post aus, hat keinen Einfluss auf seine Tagesgestaltung, um vier Uhr morgens muss er aus dem Bett, um in einer stinkenden Lagerhalle Pakete zu sortieren – letztendlich unbezahlt. Denn bezahlt wird der »Unternehmer« Erkan nur pro zugestelltem Paket. 45 Cent erhält er für jedes Päckchen, das er zum Adressaten bringt. 150 Pakete liefert er pro Tag aus – sechsmal die Woche. Er hat keine Freizeit, kein Leben, der Rücken tut ihm weh. 400 Euro macht er wöchentlich – brutto. Steuern und Sozialversicherungen muss er selber zahlen, dazu kommen Abzüge vom Auftraggeber. Sogar für das digitale Gerät, mit dem er die Strichcodes scannt, knöpft man ihm »Miete« ab, 80 Euro monatlich.

Die neue ArbeiterInnenklasse. Menschen in prekären Verhältnissen heißt der Report von Veronika Bohrn Mena, in dem sie Menschen wie Erkan porträtiert. Menschen, die atypisch beschäftigt sind, als freie Dienstleister, Werkvertragsnehmer, Leih- und Teilzeitarbeitnehmer, die schlecht verdienen und später einmal eine Mini-Pension erhalten. Die Figuren im Buch stellen so etwas wie Idealtypen dar: Manuel, der geprellte Praktikant. Claudia und Insko, ausgeliehen und ausgebeutet. Sabine, die seit Jahren wider Willen in Teilzeit gefangen ist. Wissenschaftlerinnen, die sich von Befristung zu Befristung hangeln. Berat und Ayaz, die knochenhart anpacken, um den Kunden ihre Einkäufe zu liefern, wenig Geld heimbringen und dennoch ganz zufrieden sind mit ihrem Job: »Wir tun mit dem, was wir machen, etwas Gutes für die Leute, denn wir bringen ihnen, was sie brauchen. So sehe ich das und deswegen mache ich es so gerne«, sagt Berat, der den alten Herrschaften auch mal die Ware in den Kühlschrank räumt, selbst wenn seine Arbeit so strikt getaktet ist, dass er für jede Anfahrt und Lieferung nicht mehr als ein paar Minuten hat.[1]

»Miese Jobs sind ansteckend«, sagt die Autorin.[2] Werden sie in einer Branche akzeptiert, breiten sie sich in andere aus, sind sie in der Peripherie der Beschäftigung einmal eingeführt, wuchern sie ins Zentrum hinein.

Prekarität und instabile Beschäftigung haben viele Gesichter und Geschichten. Längst sind sie keine Randerscheinung mehr. Je nachdem, wie man zählt, kommt man auf rund ein Drittel der Erwerbsbevölkerung, also in Österreich auf etwas mehr als eine Million Menschen. Die atypische Beschäftigung nahm seit 2008 um 29 Prozent zu. 47 Prozent der Frauen sind teilzeitbeschäftigt – ein Großteil eher unfreiwillig.

Betroffen sind die Kreativen in Journalismus und Design genauso wie Schweißer in der Industrie, die nur bei Leiharbeitsfirmen unterkommen, die vielen Frauen im Pflegebereich und in den psychosozialen Diensten genauso wie Erntehelfer in der Landwirtschaft, viele Menschen in der Gastronomie, das gesamte Dienstleistungsprekariat. Arbeitszeitregelungen gelten für sie entweder gar nicht oder sie werden ignoriert – oder »flexibilisiert«, so dass die zwölf Stunden, die manche vorher schon gearbeitet haben, jetzt legal sind und damit auch angeordnet werden können.

In vielen europäischen Städten machen Menschen mit Migrationshintergrund rund 50 Prozent der Einwohnerschaft aus. Längst gibt es auch eine eingewanderte Mittelschicht, doch unter den verwundbarsten Arbeitnehmern und unter denen, die am Arbeitsmarkt keine Chance haben, sind Migranten häufiger vertreten, als es ihrem Anteil an der Gesamtbevölkerung entspricht. Der verletzbarste Teil der Arbeiterklasse, das sind Teile der alten weißen Arbeiterklasse und das neue, zugewanderte Proletariat. Ihre Lage ist oft sogar frappierend ähnlich: Das beginnt mit der Chancenarmut, mit der sie bereits ins Schulleben starten. Es geht weiter mit den abwertenden Zuschreibungen und Projektionen, der Herablassung, mit der sie täglich konfrontiert sind. Setzt sich fort mit dem Hangeln von schlechtem Job zu schlechtem Job und dem – wenn überhaupt – verspäteten Eintritt in ein stabiles Beschäftigungsleben.

Betrachtet man die Dinge so, könnte man beinahe meinen, diese verschiedenen besonders verwundbaren Gruppen müssten sich zusammentun, ein instinktives Solidaritätsgefühl entwickeln. Und tatsächlich ist das ja auch manchmal der Fall: Spricht man mit Angehörigen der weißen Arbeiterklasse, die sich als Verlierer fühlen, kann man von ein und derselben Person hören, dass durch »die vielen Ausländer« alles schlechter werde, dass »sie« (die Eliten) all die Zuwanderer reinlassen, der türkische Kollege im Betrieb aber ein klasse Kerl sei, auf den sie nichts kommen lassen, und dass der syrische Ladenbesitzer im Nebenhaus bewundernswert fleißig sei oder die bosnische Verkäuferin im Supermarkt oder der serbische Elektroinstallateur, der sich so um die Kinder kümmert und keinen Elternabend in der Schule versäumt, oder der mobile albanische Altenpfleger, der täglich die eigene Mutter besucht und wäscht. Es ist, horcht man genau hin, ja keineswegs so, dass es *kein* Solidaritätsgefühl gibt. Selbst wenn man dieselben Lebenswelten bewohnt, existiert zwar eine Fremdheit, die selten vollends überwunden wird, aber durchaus auch wechselseitiger Respekt. »Gute Leute«, das hört man von den Zuwanderern auf die Einheimischen gemünzt. »Gute Leute«, hört man genauso oft von den Einheimischen auf die Zuwanderer gemünzt.

Und dennoch wird gerne behauptet, Migration sei »das Thema« schlechthin, es würde für Polarisierung sorgen, sei der entscheidende Faktor für die Entfremdung der »weißen Arbeiterklasse«, ihren Zorn und ihre Wut. Und das ist auch nicht völlig falsch. Deswegen ist es wichtig zu verstehen, was da abgeht. Es ist ein seltsames Amalgam aus Vorurteilen, richtigen Urteilen, Empfindungen, aus Normen, Werten und Konflikten, aus Übersetzungen und Interpretationen von Verwundungserfahrungen.

Im Unterschied zu den migrantischen arbeitenden Klassen haben die weißen arbeitenden Klassen eine Abstiegserfahrung gemacht. Das kann ein ganz persönlicher Abstieg sein oder ein symbolisch empfundener – wenn die Aufstiegshoffnung, die frühere Generationen hegen durften, verschwindet, wird das als Verlust erlebt, der in gewisser Weise einem Abstieg gleichkommt, auch wenn es kein objektiver persönlicher Abstieg sein muss. Nicht nur Einkommensverlust ist ein Verlust. Hoffnungsverlust ist auch ein Verlust. Statusverlust sowieso. Menschen sind eher frustriert über das, was sie verloren haben, als über etwas, das sie nie besaßen.

Das Gefühl, an den Rand gedrängt worden zu sein, verbindet sich dann mit Erfahrungen, die Menschen in Gesellschaften mit Massenmigration machen. »Wir sollten im Zentrum stehen. Ich denke, andere Leute sollen die gleichen Möglichkeiten haben wie wir, aber wir sollten schon als Erste drankommen«, meint ein Gesprächspartner in East London gegenüber Justin Gest.[3] Die Minderheiten stellen jedoch denselben Anspruch, zumindest scheint es so, als wäre der als natürlich empfundene Anspruch der »Hiesigen«, als »Erste dranzukommen«, heute nicht mehr gewährleistet. Das lässt das Gefühl entstehen, »selbst Opfer von Diskriminierung« zu sein. Die hiesigen »einfachen Leute« haben das Gefühl, sie seien »eine neue Minderheit«.[4]

»Bei uns sieht es aus wie in einem Vorort von Nairobi. Aber was können wir schon dagegen machen?«, sagt eine resignierte Gesprächspartnerin in East London.[5] Durch die ökonomischen Transformationen der letzten dreißig Jahre wurde alles schwieriger, der Wandel wird als zu schnell erlebt. In der Wahrnehmung der Betroffenen werden der ökonomische Stress und die migrationsbedingten Veränderungen im Viertel dabei zu Symptomen ein und desselben Prozesses. Wenn diejenigen, die sich als Verlierer dieser Entwicklungen sehen, sagen »ich komme nicht mehr mit«,[6] ist das oft ein Code für Immigration. Zugleich ist die Immigration aber in gewisser Hinsicht selbst nur ein Code für das ganze Set an Veränderungen, die mit diesem Abstieg verbunden werden.

Seit je hat die Arbeiterklasse einen eigenen Leistungsbegriff hochgehalten, nämlich dass man sich Respekt, Selbstrespekt und den Anspruch auf Einkommen durch Anpacken und die Bereitschaft verdient, die eigenen Fertigkeiten weiterzuentwickeln. Durch Disziplin und Selbstdisziplin. Im »alten« Klassenkampf war das ein schlagkräftiges Argument: Lohnsteigerungen setzte man nicht mit der Begründung durch, dass einen mehr Kohle fröhlicher macht, sondern man stellte sich auf die Position, dass einem ein fairer Anteil am Kuchen »zusteht« – und zwar eben wegen der Anstrengung und der eigenen Lebensleistung. Dieses Leistungsprinzip der Arbeiterklasse führte im Übrigen dazu, dass Werte in der Realität oft in widersprüchlichen Schattierungen und mit vielen Graustufen auftraten: Einerseits gab es nicht nur das egalitäre Ideal, sondern regelrechte egalitäre Instinkte, andererseits das Bewusstsein für feine Unterschiede. Hierarchien fanden durchaus Akzeptanz. Wobei »Akzeptanz« noch zu schwach ist, wurden Unterschiede doch bewusst betont und nachdrücklich legitimiert. Staatliche Gelder für Arbeitslose, chronisch Gescheiterte oder »die Armen« waren in der Arbeiterklasse oft sogar weniger akzeptiert als in bürgerlichen Schichten. Die oberen Schichten waren von den Armen lebenskulturell weit genug entfernt, konnten sie daher als Leute sehen, die gar nicht erst die Chance hatten, es zu schaffen. Für Angehörige der Arbeiterklasse hingegen waren die Armen Leute aus der eigenen Umgebung, die sich primär dadurch von ihnen unterschieden, dass sie sich weniger anstrengten oder es an Disziplin vermissen ließen. »Ich stehe ja auch um sechs Uhr morgens auf und mache einen Job, der eigentlich eine Qual ist – warum soll der andere eine Unterstützung bekommen, nur weil er sich diese Qual erspart?« Mit dem Ausbau des Wohlfahrtsstaates, den die Milieus der Arbeiterklasse mehrheitlich unterstützten, wurden solche Haltungen sogar noch virulenter. Unterstützung sollen die bekommen, die sie wirklich brauchen – und denen sie wirklich zusteht. Und zustehen tut sie einem nur, wenn man sich anstrengt und trotz dieser Anstrengung scheitert. Gerade wer harte Arbeit leistet, will nicht, dass andere »auf meine Kosten leben«.

In Gesellschaften mit Massenmigration kommt ein weiterer Aspekt hinzu: Nicht nur Leistung begründet Ansprüche an die Gemeinschaft, sondern auch die Zugehörigkeit zur Gemeinschaft selbst. Diese volle Zugehörigkeit wird bei Migranten oft – manchmal begründeter, manchmal unbegründeter – infrage gestellt. Wer gerade erst zugewandert ist, noch keine Steuern und Sozialversicherungsbeiträge gezahlt hat, dessen Ansprüche können leicht in Zweifel gezogen werden. Sie oder er unterscheidet sich in dieser Hinsicht zwar gar nicht unbedingt von einem 18-jährigen Einheimischen, der auch noch nie Beiträge einbezahlt hat, aber dessen Ansprüche sind gefühlsmäßig zumindest ein wenig besser begründet, nämlich durch die Zugehörigkeit zur Gemeinschaft oder durch die Beiträge seiner Eltern und Großeltern. Hört man genau hin, stößt man auf ganz unterschiedliche Erscheinungsformen einer zerrissenen Solidarität. Für den Arbeitslosen aus der weißen Arbeiterklasse sind die Migranten, die das soziale Netz in Anspruch nehmen, Konkurrenten um Transferleistungen; für den, der zwölf Stunden am Tag malocht und seine Steuern und Sozialbeiträge zahlt, sind sie die Verursacher seiner Abgabenlast.

Dabei sind weder das Durchschnittseinkommen der Bewohner noch der Anteil der Migranten ausreichende Indikatoren dafür, ob ein Viertel als absteigend empfunden wird. Stadtplanerische Elemente, vorhandene oder verschwindende Nahversorgung können einen immensen Unterschied machen, was sich dann auch an Wahlergebnissen ablesen lässt. So erreichte die FPÖ im Wiener Stadtbezirk Margareten bei den Nationalratswahlen 2017 14 Prozent, die Sozialdemokraten dagegen 38 Prozent; im peripehreren Simmering kamen die Rechtsextremen dagegen auf 32 Prozent (SPÖ auch hier 38 Prozent), obwohl die klassischen sozialökonomischen Indikatoren in den beiden Bezirken fast keine Unterschiede aufweisen. Beide sind Arbeiterklassebezirke, beide zählen zu den ärmsten der Stadt, und in beiden ist der Migrantenanteil hoch. Aber aufgrund diverser anderer Faktoren fühlen sich die Bewohner in Simmering eher als »Verlierer«. Das beginnt damit, dass »Simmering« mit »Scherbenviertel«

und Peripherie assoziiert wird, »Margareten« aber mit Zentralität. Und auch in den räudigeren Gegenden von Margareten – im Volksmund »West Side« genannt – funktioniert die urbane Ökonomie mit Einkaufsstraßen, Parks, lokalen Kneipen und einer kurdischen Dönerstube, die zu einer Art »Dorfwirtshaus« wird, wo sich Zuwanderer und Einheimische mischen. Hinzu kommt: Die »reicheren« Teile Margaretens sind urban und mit den ärmeren verbunden; die »reicheren« Gegenden Simmerings dagegen sind eher Eigenheimviertel, deren Bewohner sich nicht mit denen der ärmeren Teile mischen.

Für Stadtbezirke, die das Image des »Scherbenviertels« haben, gilt dann: Wer es sich leisten kann, zieht weg. Zurück bleiben jene mit den größten Problemen, die Familien, deren Kinder besonders schwer Ausbildungs- und Arbeitsplätze finden. Das Zusammengehörigkeitsgefühl im Quartier nimmt ab, die Aggression wächst. Außerdem wird die Abwertung in der symbolischen Ordnung der Gesellschaft natürlich als unfair und arrogant erlebt. Erhebt man das Wort, wird man in den meisten Fällen nicht wahrgenommen oder aber als engstirniger Depp aus der Vorstadt runtergemacht, der mit der modernen Welt nicht klarkommt.

»Menschen aus der ›weißen Arbeiterklasse‹ tendieren in Gesprächen dazu, als Vorwort gewissermaßen hinzuzufügen, dass sie keine Rassisten seien und keine Vorurteile haben. [...] Sie haben Angst, dass ihre Ansichten disqualifiziert werden könnten, obwohl diese Ansichten in der Realität ja authentische Ausdrücke dessen sind, was sie erleben, wie sie leben und wie sich ihre Leben verändern«, resümiert Justin Gest.[7] Der Vorwurf des Rassismus wird als weiteres Mittel verstanden, die Artikulation der Arbeiterklasse zu kontrollieren und ihre Empfindungen als bedeutungslos hinzustellen. Einer sagt: »Ich arbeite seit 38 Jahren und sehe immer mehr Leute auf der Straße, bei denen ich das Gefühl habe, dass ich die mit durchziehe.« Ein anderer: »Sie tun so, als gehöre ihnen die Straße.«

All das heißt übrigens nicht, dass es in der Arbeiterklasse keine Rassisten gibt. Nur gibt es halt auch sehr viele, die keine Rassisten sind, sondern lediglich auf Deklassierungserfahrungen reagieren und denen man mit dem Rassismusvorwurf pauschal die Möglichkeit nimmt, ihre Sicht der Dinge zum Ausdruck zu bringen. Die Dinge sind kompliziert und gehen durcheinander. Erinnern wir uns an Dolly und Myra in der von Richard Sennett geschilderten Szene. Dolly hat einerseits das Gefühl, kulturell abgewertet zu sein, hat andererseits aber auch rassistische Vorurteile. Myra wiederum vertritt eine Haltung des gleichen Respekts für alle Menschen, ist aber gleichzeitig respektlos gegenüber Dolly. Mit anderen Worten: Man kann durchaus rassistischen Stereotypen anhängen und dennoch begründet das Gefühl haben, einer Verachtung ausgesetzt zu sein, die sich aus Klassendifferenzen speist. Oder dass die Achtung vor anderen Ethnien mit einer Missachtung der »eigenen Leute« einhergeht.

Ein ganzes Panorama psychopolitischer Dynamiken tut sich dann auf. Es geht bergab, und man fühlt sich auch noch unsichtbar gemacht. »Jeder tut so, als wäre man als Weißer eh gut gestellt.« Alle anderen dürfen sich beklagen, aber man selber soll die Klappe halten. Man sieht sich selbst als das »einfache Volk«, als »echt«, »authentisch« und »normal«, aber die moderne Mittel- und die Oberschicht schauen nur mehr auf einen herunter. Und gerade die modernen Mittelschichten, die so viel Wert darauf legen, dass niemand wegen seiner ethnischen, sexuellen oder sonstigen Identität beleidigt werden darf, die niemals einen unkorrekten Witz oder einen rassistischen Kommentar über die Lippen bringen würden, reproduzieren die stereotype Vorstellung »des Südstaaten-Rednecks als Rassist, Sexist, Alkoholiker, Ignorant«, wie Joan C. Williams mit Blick auf die Vereinigten Staaten unterstreicht.[8] Die Witze über die engstirnigen Hinterwäldler sind, so gesehen, die letzten »akzeptierten ethnischen Herabwürdigungen in einer ›höflichen‹ Gesellschaft«.[9] So kommt unter den »einfachen Leuten« der Eindruck auf, Buntheit und Multikulturalität würden als »Diversity« gefeiert, während sie selbst einen Statusverlust hinnehmen müssen. »Die weiße Arbeiterklasse fühlt sich von den elitären weißen ›Brüdern‹ verraten, die sie als Arbeiter ausbeuten, die sie während wirtschaftlicher Krisen hängenlassen und die sich nur für die sozialen Verwundungen von Minoritäten interessieren«.[10]

Wenn progressive Sozialinitiativen Nachhilfe, Ausflüge oder Ferien für Kinder aus unterprivilegierten migrantischen Familien organisieren, fragen die Hiesigen sich: »Warum tun sie das nicht auch für uns?« Und wenn sie in den Nachrichten junge Leute aus wohlhabenderen Milieus sehen, die an Bahnhöfen Hilfsaktionen für Flüchtlinge organisieren, betrachten sie das mit dem insgeheimen Wissen: »Für uns würden sie so etwas nie tun.« Für diese Teile der alten einheimischen Arbeiterklasse stellt sich die Welt dann als eine Art Dreieck dar: Es gibt die einheimischen Eliten, die Migranten und die »einfachen Leute«. Und die ersten beiden stecken irgendwie zum Schaden Letzterer unter einer Decke.

»Es bräuchte einen Bürgeraufstand«, sagt Christian, einer der Protagonisten aus Ulli Gladiks *Inland*. »Einen Aufstand wogegen?«, fragt die Filmemacherin nach. »Gegen die Ausländer.« Ein anderer, Alexander, der staatliche Sozialhilfe bezieht, sieht sehr wohl ein, dass er sich womöglich ins eigene Fleisch schneidet, wenn er die Forderung unterstützt, die Mindestsicherung für Ausländer zu reduzieren, und dann womöglich die Mindestsicherung für alle gekürzt wird, weil eine Anspruchsdiskriminierung aus EU-rechtlichen Gründen nicht möglich ist. Das würde er aber in Kauf nehmen, »wenn es nur auch die Ausländer trifft«.

Es gibt übersteigerten Nationalismus. Es gibt Rassismus. Es gibt die rechtsradikale Ideologie, dass Weiße mehr wert sind als Schwarze. Es gibt aber auch das Gefühl des Bedrängtseins, Leute, die finden, das Ausmaß der Zuwanderung und der Veränderung gehe zu weit. Den Eindruck, von den Eliten verkauft worden zu sein. Ein Denken in Insider-Outsider-Kategorien, das sich mit den lange tradierten Werten der Arbeiterklasse verbindet und oft zu scheinbar paradoxen Haltungen führt. So ergaben Studien unter Sympathisanten rechter Parteien in der deutschen Arbeiterschaft, dass sich »das Gesellschaftsbild der rechtsaffinen jungen Arbeiter kaum von demjenigen sozialdemokratisch orientierter Altersgenossen unterschied. Man fühlte sich ungerecht behandelt und übte deshalb Kritik am ›System‹. Im Grunde sehnte man sich jedoch nach einer Republik zurück, in der Arbeiter respektiert waren und Leistung gerecht vergütet wurde.« Ein Rosenheimer Mechaniker sagt im Interview: »Man könnte mich in etwa so einschätzen, dass ich leicht rechts, leicht links orientiert bin.« Keiner der Befragten hatte etwas gegen *die* Ausländer: »[E]inige der jungen Arbeiter waren mit migrantischen Altersgenossen befreundet. Doch es gab eine klare Scheidelinie. Willkommen war nur, wer sich anpasste und etwas leistete.«[11] Ein Betriebsrat mit Sympathie für die radikale Rechte schätzt hart arbeitende Armutsmigranten, »Flüchtlinge« stehen aus seiner Sicht viel weiter unten in der Hierarchie: »Flüchtlinge müssen [...] raus. Wer hier jetzt herkommt, arbeitet, sich integriert, wer sich einordnet, unterordnet, kein Thema. Da habe ich ja nichts dagegen. Aber die, die nur hierherkommen und die Hand aufhalten und sich benehmen wie das Letzte und denken, die können sich alles erlauben, raus.«[12]

Joan C. Williams berichtet in ihrer Studie von einem Mann, der seine Klasse durch Aufstieg verlassen hat, der die rassistischen Einstellungen seiner Familienmitglieder sehr wohl kennt, aber auch ihre egalitären Werte und der nicht glaubt, »dass seine Familienmitglieder schlechte Leute sind«. Sie haben Ansichten, die er für intolerabel hält. Zugleich ist er sicher, dass sie das Herz am rechten Fleck haben. Seine Verwandten bräuchten keine Lektion über Rassismus, sondern ein Gespräch über Angst. »Leuten zu sagen, dass sie rassistisch, sexistisch und xenophob sind, bringt einen exakt nirgendwohin«, fasst Williams seine Aussagen zusammen. »Sie fühlen sich durch diese Botschaft bedroht. Wenn wir aus der Sozialpsychologie etwas wissen, dann dass Menschen sich nicht ändern, wenn man sie angreift – sie können sich dann nicht ändern, sie können nicht zuhören.«[13] Williams zieht daraus den Schluss: »Das Ziel sollte darin bestehen, einen Keil zwischen das Laster des ideologischen Rassismus und Leute zu treiben, die es einfach nur überhaben, dass in ihren Augen die ›politisch Korrekten‹ ihre Probleme ignorieren und alles Mitgefühl – oder jede Empathie – auf diverse andere Gruppen leiten.«[14]

Wir sollten nicht den Fehler begehen zu glauben, dass alle, die manche Aspekte typisch rechter Haltungen teilen, auf so verrückt-bizarre Weise derart weit gehen würden wie der eben zitierte Alexander. Aber diese Haltungen sind da und sie sind eben nicht nur verrückt, sie kommen nicht nur aus niedrigen Instinkten. Sie finden ihre Begründungen teilweise sogar in den Traditionen und Werten der historischen Arbeiterklassenkultur. Im Bewusstsein, dass man nichts geschenkt bekommt im Leben, dass, wer »dazugehört«, bevorzugt behandelt werden sollte, und dass, wer dazugehören wolle, sich hinten anstellen müsse. Sie wurzeln in den antielitären Affekten gegen »die da oben«, in den vorindustriellen Volkskulturen, im Lokalpatriotismus. Aber eben auch im Konservativismus der Arbeiterklassenkultur. Diese Werte und Normen werden, so könnte man sagen, je nach Umständen in ein unterschiedliches Licht getaucht. Eine Klasse, die sich kulturell und ökonomisch im Aufstieg fühlt, interpretiert und lebt sie im Alltag anders, als wenn sie sich zunehmend als ohnmächtig, nur mehr als Spielball anonymer Kräfte erlebt. Es macht einfach einen Unterschied, ob man mit Selbstbewusstsein durch die Welt geht oder unter dem Eindruck stetiger Verletzungserfahrungen.

»Eine schäbig-vornehme Familie ist in einer ganz ähnlichen Situation wie eine Familie von ›poor whites‹ in einer Straße, wo alle andern Neger sind. Unter solchen Umständen muss man an seiner Vornehmheit festhalten, denn sie ist das Einzige, was man hat, und gleichzeitig wird man wegen seiner Hochnäsigkeit und seinem Akzent und seinen Manieren [...] gehasst«, beobachtete George Orwell in den dreißiger Jahren des letzten Jahrhunderts.[15] Abwertungen derjenigen, die auf der nächstniedrigeren Stufe stehen, sind dann gewissermaßen pervertierte Formen der Statusverteidigung. Der »wage of whiteness«, also der mit »der weißen Haut« verbundene psychologische Bonus weißer Arbeiter, besteht darin, dass einem wenigstens das Stigma ethnischer Diskriminierung erspart bleibt – und dieses Privileg will man natürlich verteidigen.

George Orwell hat auf seine typisch ironisch-lapidare

Weise noch etwas anderes sehr Gescheites gesagt: »Im großen und ganzen wollen die Menschen gut sein, aber nicht allzu sehr und auch nicht immer.«[16] Neben der »Idealisierungsfalle« – also dem romantisierenden Bild eines authentischen und stets solidarischen Proletariats – gibt es eben auch die »Generalisierungsfalle«. Da erscheint dann die neoproletarische Unterschicht als durchgehend engstirnig, rassistisch, homophob, frauenfeindlich, dumm und unaufgeklärt. Und mit der »Generalisierungsfalle« ist wiederum verwandt, was man die »Polarisierungsfalle« nennen könnte. Die beliebte Diagnose von der »polarisierten Gesellschaft« führt dazu, dass Medien gerne nach idealtypischen Repräsentanten der »Pole« suchen, bis genügend wirklich wütende, frustrierte, rassistische O-Töne eingefangen sind. Eine nur behauptete oder zumindest viel mildere Polarisierung wird so in der medialen Darstellung erst hergestellt bzw. massiv verstärkt.

Die wirkliche Welt ist freilich viel weniger polarisiert, in der wirklichen Welt dominieren die Graustufen und die Übergänge. Menschen etwa, die es satthaben, dass die Reichen immer reicher werden, während in ihr eigenes Leben immer mehr Unsicherheit einzieht. Leute, die Rassismus ablehnen, aber dennoch finden, dass gegen afghanische Jugendgangs etwas getan werden sollte, und die sich darüber aufregen, dass, wie mir das einmal ein bayerischer Gewerkschafter sagte, »die Oberen, die nichts zum Gemeinwohl beitragen, uns zu allem Überdruss noch erklären wollen, wie wir zu reden haben!« Wie bei dem oben zitierten Mechaniker aus Oberbayern geht im echten Leben oft alles durcheinander, finden sich »eher rechte« Auffassungen und zugleich »eher linke« – und meist keine davon in ihrer radikalen Reinform.

Die mediale Darstellung der »einfachen Leute« als ignorant, rassistisch und intolerant erregt dann erst recht den Zorn dieser »einfachen Leute«, die als »zornig« vorgeführt werden (es ist dann gewissermaßen ein Zorn zweiter Ordnung), weil sie sich nicht authentisch wiedergegeben fühlen, sondern auf ungerechte Weise abgewertet sehen. Sie haben – nicht ganz zu Unrecht – den Eindruck, ihre durchaus durchdachten, auf realen Erfahrungen beruhenden, oft auch sehr abgestuften Urteile würden nicht einmal wahrgenommen, sondern sie würden als Realkarikaturen ihrer selbst vorgeführt wie früher am Jahrmarkt die Verwachsenen oder Menschen mit Wasserkopf. Verletzung türmt sich auf Verletzung, täglich wird ein weiterer Groschen in die Zornbank eingezahlt.

Ratsam ist jedenfalls weder die Idealisierung noch die Verteufelung der »arbeitenden Klassen« mit ihren (angeblichen) Meinungen. Es gilt vielmehr, diese zunächst überhaupt einmal wahrzunehmen, zu begreifen, aus welchen Quellen sie sich speisen, und sie in einem emphatischen Sinne auch zu »verstehen«. Das legt keineswegs zwingend nahe, sie zu akzeptieren. Es gibt schließlich auch das Recht, dass man versucht, Leute, deren Ansichten man für falsch hält, von der eigenen Meinung zu überzeugen. Ein Gespräch auf Augenhöhe setzt allerdings die Möglichkeit voraus, dass auch das Gegenüber »Recht« oder einen bisher nicht berücksichtigten Punkt haben könnte, im Lichte dessen seine Äußerungen an Plausibilität gewinnen. Gerade wenn Leute, zwischen denen Statusdifferenzen bestehen – und seien es nur feine Differenzen in der symbolischen Ordnung –, miteinander reden, ist das kein unwesentlicher Gesichtspunkt. Niemand von uns will eine Diskussion mit Leuten führen, die uns das Gefühl geben, dass das jetzt einerseits ein »gleichberechtigtes Gespräch«, dass aber andererseits von vornherein klar ist, dass sie recht haben und wir unrecht. Was wäre das auch bitte für ein Gespräch? Angehörige der arbeitenden Klassen reagieren, spüren sie solch eine Überheblichkeit, verständlicherweise oft noch gereizter als Menschen aus der Mittel- und Oberschicht, und zwar aus naheliegenden Gründen: Sie verfügen nicht im selben Ausmaß über die Ressource eines auf einem gesicherten Status beruhenden Selbstwertgefühls. Und sie erkennen im Gegenüber jene Arroganz und Herablassung, mit der sie sowieso dauernd konfrontiert sind.

7. Eine Rhetorik, die spaltet. Ambivalenzen der Identitätspolitik

Wir sind in diesem Essay schon einigen sich widersprechenden Positionen begegnet, deren Vertreter und Anhänger dennoch mit guten Gründen behaupten können, sie seien »wahr«. Teile der weißen Arbeiterklasse haben zu Recht den Eindruck, dass sie von oben herab behandelt werden, dass etablierte Eliten und auch Teile der modernen Mittelklasse ihre Probleme nicht ernst nehmen und ihre Artikulation verhindern, indem sie sie ins Lächerliche ziehen. Jene Teile der liberalen Mittelklassen, die Rassismus und einen gesellschaftspolitischen und kulturellen Konservativismus in den arbeitenden Klassen kritisieren, liegen freilich auch nicht völlig falsch. Wer Empathie für die Verwundungserfahrungen von Minderheiten einfordert, hat viele gute Argumente auf seiner Seite, wer aber Empathie für die Verwundungserfahrungen der einheimischen arbeitenden Klassen anmahnt, ebenso. In diesen Fällen ist gewissermaßen das eine und sein genaues Gegenteil richtig. Oder eben auch falsch, so wie bei der Episode mit Myra und Dolly: Dass Myra Dolly von oben herab beschämt, ist »falsch«; Dollys rassistische Vorurteile sind aber auch »falsch« – wenn wir das so salopp formulieren wollen.

Auch die heute so vergiftete Debatte über »Identitätspolitik« beziehungsweise »politische Korrektheit« ist eine Auseinandersetzung, bei der sich verschiedene Seiten dauernd solche »falschen Wahrheiten« an den Kopf werfen. Diese Kontroverse nahm nach der Wahl Donald Trumps an Fahrt auf und wird seither in Europa und den USA mit großer Leidenschaft geführt. Man sucht nach Erklärungen für den Aufstieg rechter Horrorclowns und den Glaubwürdigkeitsverlust traditioneller linker und liberaler Parteien. Die Diagnose lautet dann schnell, es herrsche eine tiefe Entfremdung zwischen der alten Arbeiterklasse und einer von progressiven Akademikern geprägten Mittelschichtlinken, und ein wichtiger Grund dafür sei die »Identitätspolitik«. Dadurch würden die arbeitenden Klassen in die Arme der rechten Populisten und Extremisten getrieben. Eine implizite Annahme, ohne die diese Diagnose völlig sinnlos wäre, besteht darin, dass die Milieus, um die es geht – also die liberalen Oberschichten, die progressiven Mittelschichten und die von Deklassierung bedrohten arbeitenden Klassen –, eigentlich so etwas wie natürliche Verbündete seien. Diese Behauptung hat grundsätzliche Evidenzen auf ihrer Seite. Kämpfe um soziale, demokratische und rechtliche Gleichheit beispielsweise sind etwas, das viele von uns intuitiv als miteinander verbunden ansehen. Die Behauptung hat aber auch historische Evidenzen auf ihrer Seite: Soziale Bewegungen – die Arbeiterbewegung ist ein sehr gutes, aber nicht das einzige Beispiel – waren immer dann erfolgreich, wenn liberale Mittelschichten, Arbeiterklasse und Unterschichten sich verbündeten.

Aber vielleicht setzen wir lieber noch einen Schritt früher ein: Was soll das überhaupt sein, »Identitätspolitik«? Sie basiert zunächst einmal auf der schlichten Einsicht, dass die Unterschiede in unseren Gesellschaften nicht nur Klassenunterschiede sind, sondern dass diese Klassenunterschiede durch andere Differenzen überwuchert werden. Diese anderen Differenzen sind aber nicht völlig jenseits der Klassendifferenzen angesiedelt, weil es sich ebenfalls um Machtunterschiede handelt, die jene, die sich aus der Klasse ergeben, noch verschärfen können. Die verschiedenen Aspekte der Unterprivilegiertheit überschneiden sich, es gibt Wechselwirkungen und Rückkoppelungen. »Die Identitätspolitik der Linken«, schreibt der linksliberale US-Autor Mark Lilla, »nahm ihren Ausgang bei großen Bevölkerungsgruppen, etwa den Afroamerikanern oder auch den Frauen, die schwerwiegende historische Fehler anprangerten und dann über die politischen Institutionen darauf drängten, ihre Rechte durchzusetzen. Im Laufe der achtziger Jahre verwandelte sich das jedoch in eine selbstbezügliche Pseudopolitik.«[1]

Mit »selbstbezüglich« dürfte dabei gemeint sein, dass die Sprachpolitik sich von den Problemen, etwa dem Rassismus, zunehmend entkoppelt hat und eine sektiererische Metadebatte sich eher um die Worte als um die Sache selbst dreht. Aber es kommt noch etwas hinzu, nämlich dass immer mehr unterdrückte Subgruppen ihre spezielle Opfergeschichte thematisieren und dass im Extremfall irgendwann jede (oder jeder) Einzelne an sich irgendeine Dimension des »Opferseins« aufspürt, die er oder sie thematisieren kann. Und dann ist da noch ein weiterer wichtiger Aspekt: Anders als Klassenunterschiede sind »Identitäts«-Differenzen wie ethnisches Herkommen, Hautfarbe, Geschlecht oder sexuelle Orientierung relativ fixe Merkmale. Die Identität »ausgebeuteter Arbeiter« ist weniger fix – würde in einer gerechten Gesellschaft die Ausbeutung der Arbeiter reduziert, wäre der ausgebeutete Arbeiter keiner mehr. Ein »Armer« bist du nur so lange, bis du nicht mehr »arm« bist. Bei Merkmalen wie schwarz oder schwul ist das anders. Hier kann nur deren gesellschaftliche Bedeutung verändert werden, also Abwertungen oder gar Stigmata. Das Ziel sozialer Kämpfe verlagere sich somit, so der Vorwurf, von der harten ökonomischen Basis auf die Ebene des kulturellen Überbaus.

Identitätsmerkmale dieser Art gibt es vielleicht nicht unendlich, aber doch ausreichend viele. Und Diskurse, die viel Bedacht auf solche Differenzen legen, neigen dazu, eher die Unterschiede zwischen den Menschen zu betonen als das, was wir alle miteinander gemeinsam haben. Das, so Lilla, habe zur Folge, dass das »Wir«-Gefühl untergraben werde. Im schlimmsten Fall verbreite sich innerhalb der linken Milieus »eine ressentimentgeladene, spaltende Rhetorik der Differenz«.[2] Ohne »Wir« könne es aber keine linke Politik geben.[3]

Lillas Professorenkollege Francis Fukuyama wiederum merkt an, dass an einer entsprechenden Identitätspolitik per se »wenig zu bemängeln« sei, stelle sie doch »eine natürliche und unvermeidliche Reaktion auf Ungerechtigkeiten dar«.[4] Kein Mensch, der einigermaßen bei Trost ist, kann etwas dagegen haben, wenn gemobbte oder stigmatisierte Minderheiten ihre Benachteiligung anprangern und dagegen kämpfen. Das gilt nicht nur für die ganz krassen Diskriminierungen, sondern auch für die weniger gut sichtbaren, etwa wenn Menschen aus bestimmten Ethnien an gläserne Decken stoßen, die sie von den höheren Etagen fernhalten; oder wenn sie durch strukturellen Rassismus chronisch entmutigt werden; oder wenn sich Kinder aus diesen Ethnien kulturell überhaupt nicht repräsentiert fühlen, weil sie in den populären Bildern nicht vorkommen, die in einer Gesellschaft medial kursieren. Und schließlich können sich Diskriminierungen durch Identität und Diskriminierungen durch Klasse ja auch noch addieren oder potenzieren: Schwarze Arbeiter sind noch ärgerer Prekarität ausgesetzt als Weiße, die serbische Putzfrau hat es schwerer als die österreichische. Migrantengruppen mit unsicherem Aufenthaltsstatus finden nur im informellen Sektor Jobs und genießen keinerlei Schutz.

»Es gibt verdammt gute Gründe, weshalb sich Linke dieser Minderheiten besonders annehmen« sollten, stimmt auch Lilla zu, schließlich seien »sie am stärksten von Entrechtung gefährdet«. Die Bemühungen der Identitätspolitiker seien in dieser Hinsicht aber häufig kontraproduktiv: »In Demokratien besteht der einzige Weg, Minderheiten ernsthaft zu verteidigen – und nicht nur leere Gesten der Anerkennung und Bewunderung zu setzen –, darin, Wahlen zu gewinnen und Macht auszuüben, und zwar auf jeder Ebene des Regierungssystems. Und das schafft man nur mit einer Botschaft, mit der man maximal viele Menschen erreicht und zusammenschweißt. Die linke Identitätspolitik macht genau das Gegenteil.«[5]

Politische Kämpfe, die so geführt werden, dass sich die große Masse der weißen Arbeiterklasse nicht mehr repräsentiert fühlt, weil es plötzlich auch oder vor allem um die Anliegen diverser Minderheiten geht, können gewissermaßen den fatalen Nebeneffekt haben, dass die weiße Arbeiterklasse sich dem Bündnis entfremdet – mit dem Ergebnis, dass ein Teil ihrer Angehörigen zu den Rechtsradikalen überläuft. Die Minderheiten, denen eigentlich geholfen (oder deren Selbstartikulation gefördert) werden sollte, stehen dann noch viel bedrohter da als vorher.

All diese Schwierigkeiten und Einwände könnte man unter »Ambiguitäten der Identitätspolitik« buchen. Es gibt aber noch härtere Kritik. Die auf Diversität fixierte Linke habe »sich in einen Komplizen der Rechten verwandelt, statt deren Gegner zu sein«,[6] meint Walter Benn Michaels, ein ausgewiesener radikaler Linker, in seinem Buch *The Trouble with Diversity*. Wer die Differenz hochhalte und die Unterschiede zwischen den Menschen feiere, brauche sich nicht wundern, wenn er beim Kampf um soziale Gleichheit auf verlorenem Posten stehe. Denn dann sei Differenz das Ziel, nicht Gleichheit. Statt etwa darauf zu drängen, dass Ethnizität an Bedeutung verliere – dass eine Gesellschaft sozusagen ethnisch »blind« werde –, verwende man alle Energie darauf, dass Ethnizität zentral bleibe. Frauen, Schwarze und viele andere sollen die gleichen Chancen haben wie weiße Männer, als sei es irgendein Fortschritt, wenn die Angehörigen bisher diskriminierter Minderheiten exakt die gleichen Chancen wie alle anderen hätten, entweder Multimilliardär oder Putzfrau zu werden. Benn Michaels: »Man weiß, dass man in einer Welt lebt, die den Neoliberalismus liebt, wenn die Tatsache, dass einige Schwarze reich sind, als erfreuliche Nachricht für alle Schwarzen betrachtet wird, die arm sind.« Für die Antidiskriminierungskämpfer hat er nur Spott übrig: »Die amerikanische Gesellschaft bekennt sich heute sowohl rechtlich als auch politisch zu dem Grundsatz, dass Diskriminierung das Schlimmste ist, was man jemandem antun kann. Jemandem einen Hungerlohn zu zahlen, ist nicht ganz so schlimm, während es wiederum völlig inakzeptabel ist, einer Person aufgrund ihrer ethnischen Zugehörigkeit oder ihres Geschlechts einen Hungerlohn zu zahlen.«[7] Die Identitätspolitik führe demnach schnurstracks zur Akzeptanz ökonomischer Klassenspaltungen.

Das ist in seiner abgedrehten Überspitztheit natürlich intelligenter Unfug – aber dennoch Unfug. In den allermeisten Fällen setzen sich Linke, die für die Gleichberechtigung diskriminierter Minderheiten eintreten, zugleich für gleiche Chancen für alle ein, für den Wohlfahrtsstaat, für Mindestlöhne usw. Sie tun das vielleicht nicht immer mit spektakulärem Erfolg, aber sonderlich erfolgreich sind die Gegner der Identitätspolitik ja auch nicht. Jedenfalls ist es keine besonders schwierige Übung, gleichzeitig sowohl die generellen sozialen Ungleichheiten als auch die speziellen Diskriminierungen einzelner Minderheiten zu kritisieren. Die Anhänger einer solchen Strategie wollen ja gerade ein »Wir der Vielfältigkeit« etablieren. So bleibt der Eindruck, dass ihre Gegner sich eine ziemlich obskure Definition von »Identitätspolitik« zurechtlegen, die zwar in der wirklichen Welt kaum jemand vertritt, die sie aber umso entschlossener bekämpfen.

Manche Kritiker der »Identitätspolitik« und der »politischen Korrektheit« meinen, dass man die lächerlichen Kämpfe für Schwule und Lesben oder gegen sexuelle Übergriffigkeiten hintanstellen und wieder mehr klassisch den materiellen Fortschritt der Arbeiterklasse herbeikämpfen solle. Der frühere deutsche SPD-Chef und Vizekanzler Sigmar Gabriel beispielsweise hat die unterkomplexe These aufgestellt, die Sozialdemokraten seien zu »postmodern« geworden, hätten sich also zu viel um Feminismus und Ökologie gekümmert und zu wenig um ausgebeutete Paketzusteller, Verkäuferinnen oder Kohlegrubenarbeiter. Warum man das denn unbedingt gegeneinander ausspielen müsse, fragen mit Recht Feministinnen wie Laurie Penny: »Diesen Kampf gewinnen wir gemeinsam oder überhaupt nicht.«[8]

Die Kritiker dessen, was in einigen Segmenten der akademischen Linken aus der »Identitätspolitik« geworden ist, haben freilich auch ein paar bessere Argumente auf ihrer Seite, die beachten sollte, wer verstehen will, was die »Identitätspolitik« für ihre Kritiker oft zu einem so bequemen Angriffsziel macht. Da wäre zunächst einmal die Frage der Sprache. Die »politische Korrektheit« begann mit der Etablierung einer achtsamen Sprache, die Menschen nicht verletzen sollte – früher hätte man das »Höflichkeit« genannt. Was ganz selbstverständlich begann, bekam später Tendenzen ins Überschießende. So war es bald verpönt, bestimmte Begriffe überhaupt zu benutzen – und sei es in kritischer Absicht oder in realistischen Fernsehsendungen und Theaterstücken. Das hat dann so abstruse Folgen wie die, dass man praktisch keine Filme mehr drehen kann, die am Würstelstand spielen, weil die realistische Wiedergabe der dort gesprochenen Sprache jemanden verletzen könnte. Der Gebrauch von Begriffen wird im Extremfall völlig entkontextualisiert, die Absicht des Sprechenden spielt keine Rolle mehr.

Ein weiteres skurriles Resultat des Umsichgreifens der Identitätspolitik besteht darin, dass die Zugehörigkeit zu einer diskriminierten Minderheit nun in bestimmten Milieus mit einem Statusgewinn verbunden ist. Bist du als Migrant in der Gesellschaft im Allgemeinen diskriminiert, bist du zugleich im gesellschaftlichen Submilieu der akademischen linken Aktivisten »interessant«. Die Arschkarte hat in dieser Logik gezogen, wer in keiner der üblichen Hinsichten eine Benachteiligung für sich reklamieren kann, also etwa weiße männliche Angehörige der Mittelschicht. Zudem wurden immer neue Minderheiten »entdeckt« und neue Termini für sie erfunden, etwa der Begriff »People of Colour«. Was zunächst wie ein Synonym für »Angehörige nichtweißer Ethnien« (also Schwarze, Latinos oder Südasiaten) klingt, dehnte in Wirklichkeit den Begriff »schwarz« auf bizarre Weise aus. Jeder Abkömmling einer vom Balkan zugewanderten Familie kann heute als »Person of Colour« durchgehen, sofern er schwarze Haare hat und einen dunkleren Teint als die autochthone Mehrheitsbevölkerung. Natürlich führen auch diese äußeren Merkmale oft zu Stigmatisierung. Allerdings gibt es nun Leute, die in ihrem Stammbaum verzweifelt nach einem ungarischen oder montenegrinischen Uropa suchen, um sich den Status als »PoC« zu sichern.

Und dann ist da die Etablierung einer neuen Kunstsprache, für die sich ein ganzes scholastisches Vokabular ausgedacht wird (man denke nur an Begriffe wie »Intersektionalität«, »Heteronormativität«, »Wokeness« und ähnliche Neologismen und Anglizismen). So entsteht eine Art Geheimcode, den normale Leute kaum noch verstehen. Bisweilen ist das vielleicht sogar das Ziel der ganzen Operation: eine Fachsprache der »Eingeweihten«, die die »Klugen« verwenden, um Distinktionsgewinne gegenüber den »einfachen Leuten« einzustreichen. Da Letztere nicht dumm sind, durchschauen sie das natürlich sofort: Da will ihnen ein bestimmtes Milieu nicht nur vorschreiben, wie sie zu reden haben, sondern man gibt den »Normalos« auch noch sprachpolitisch zu verstehen, dass sie kein ausreichend fortschrittliches Bewusstsein erlangt haben. Eine alte linke Krankheit, über die schon George Orwell spottete: Der Fachjargon der Doktrinären, sagte er, ist »von der gewöhnlichen gesprochenen Sprache so weit entfernt wie die Sprache eines mathematischen Lehrbuchs«.[9]

Selbst wenn die besten Absichten dahinterstehen mögen, fehlt der akademischen Mittelschichtjugend oft das Gespür für die vielfältigen verborgenen Verletzungen durch Klasse. Meist handelt es sich um Kinder aus dem Bürgertum oder von Eltern, die selbst den Bildungsaufstieg geschafft haben. Die arbeitenden Klassen kennen sie, wenn überhaupt, oft allenfalls in Gestalt von Omi und Opi. Aufgrund der inflationären Entstehung neuer Opfergruppen empfinden sie sich möglicherweise wirklich selber als »diskriminiert«, denn irgendein potenziell diskriminierbares Merkmal hat bald jeder. So können sie, da sie sich selbst als diskriminiert betrachten, gar nicht begreifen, dass sie für wirklich Unterprivilegierte einfach die gut situierte Oberschicht sind. Während diese jungen Leute sich in ihren eigenen Augen authentisch für gleiche Rechte für alle engagieren, sind sie in den Augen der arbeitenden Klassen arrogante Besserwisser, die ihre Art zu leben abwerten. Aber vielleicht ist all das auch nur ein kulturelles Missverständnis, das aus sozialer Distanz resultiert, denn soziale Distanz erschwert das wechselseitige Verständnis und die instinktive Einfühlung in die Sichtweise der jeweils anderen.

Die Identitätspolitik und ihre Sprache haben aber noch weitere fragwürdige Aspekte, die von Angehörigen der abgehängten weißen Arbeiterklasse zu Recht als Versuche empfunden werden, ihnen Artikulationsmöglichkeiten zu verwehren. Eine der fatalsten Wendungen in diesem Zusammenhang ist die Idee, dass jetzt die mehrfach diskriminierten Minderheiten am Zug sind und die Weißen allen anderen kurz mal den Vortritt lassen und »ihre Privilegien checken« sollen. Jeder Arbeiter aus der Vorstadt muss logischerweise darauf mit der Frage reagieren: »Ja, wo sind denn meine Privilegien? Schade, dass die sich bei mir noch nicht vorgestellt haben!« Und ganz generell ist es natürlich nicht gerade eine smarte Idee, bestimmten Bevölkerungsgruppen zu signalisieren, dass sie bei einer möglichen Allianz nichts zu gewinnen (sondern zunächst einmal ein paar ohnehin nebbiche Vorrechte zu verlieren) haben, wenn man ihr Bewusstsein heben und sie für eine breite Allianz gewinnen will. Nicht »die Identitätspolitik« oder »die politische Korrektheit« an sich sind also das Problem, sondern eine Rhetorik, die spaltet, statt zu vereinen.

Diese Rhetorik tritt in vielerlei Erscheinungsformen auf: So gibt es etwa die sich zunehmender Beliebtheit erfreuende rhetorische Figur, dass, wo es um Rassismus oder um sexuelle Übergriffe oder andere Diskriminierungen geht, die nicht »jede/r« erfahren kann, jene, die nicht selbst betroffen sind, die Klappe halten sollen. Diese Figur ist nicht immer klar und sauber konturiert, sie tritt in diversen verschwommenen Varianten auf. Die meisten meinen damit wohl: Wer nicht betroffen ist, soll den Opfern erst einmal zuhören, ihnen mit Empathie begegnen, nicht mit dummen Ratschlägen kommen. Wer selbst nie mit Rassismus konfrontiert ist, soll die Erfahrungen der Betroffenen nicht aus der Hüfte neunmalklug kommentieren. So weit, so okay. Die Figur kann aber gewissermaßen schleichend in die rigidere Spielart übergehen, dass Nicht-Betroffene nicht nur nicht blöd daherreden, sondern überhaupt nicht mitreden sollen. Diese Haltung geht von einigen unausgesprochenen Annahmen aus und zeitigt, wenn man sie konsequent zu Ende denkt, überaus fragwürdige Resultate.

Erstens: Empathie nützt letztlich nichts

Zunächst wird implizit unterstellt, dass es grundsätzlich nicht möglich ist, sich wirklich in andere hineinzudenken. Bin ich nicht täglich rassistischer Diskriminierung ausgesetzt, kann ich mir nicht vorstellen, was das mit den Betroffenen macht. Bin ich nicht von stetiger Sexualisierung betroffen, werde ich nicht regelmäßig als Objekt behandelt oder gar Opfer massiver Übergriffe, kann ich mir nicht vorstellen, wie sich das anfühlt. Nun ist aber genau das die Voraussetzung sinnvoller Diskurse in pluralen Gesellschaften: dass ich mich als Mann in die Frau, als Mitglied der privilegierten ethnischen Mehrheitsgesellschaft in jene hineinversetzen kann, denen man täglich zu verstehen gibt, dass sie nicht dazugehören; dass ich mich als Fiftysomething in einen Teenager und dass ich mich als Angehöriger der gut situierten Mittelschicht in einen Gemeindebaubewohner hineinversetzen kann. Und übrigens vice versa und kreuz und quer. Natürlich steht und fällt die Fähigkeit zur Empathie mit der Bereitschaft, erst einmal zuzuhören. Aber auch damit, Einwände zu formulieren, nachzufragen – und noch einmal zuzuhören. Und außerdem: Die Erfahrung zeigt selbstverständlich, dass das sehr wohl geht. Klar: Genügend Leute sind empathiebefreit. Genügend sind es aber auch nicht. Eric Hobsbawm hat dazu schon vor zwanzig Jahren Folgendes geschrieben: »Wie kann man sich mit anderen [...] überhaupt verständigen, wenn man sagt: ›Meinem Wesen nach bin ich Kurde oder Serbe oder Schwarzer oder Frau oder Mohammedaner oder Schwuler oder Jude und wenn ihr nicht meinesgleichen seid, so könnt ihr mich überhaupt nicht verstehen. Ihr wisst einfach nicht, was bei mir los ist. Meine Wahrheit ist nicht die eure.‹ In unserem Zeitalter der Suche nach einer ausschließlichen Identität hört man diese Sprache leider zu oft, auch von Intellektuellen, die es besser wissen sollten.«[10]

Zweitens: Sinnliche Erfahrung ist der wichtigste Schlüssel zum Wissen

Dann steht hinter dieser Haltung zweitens die Annahme, dass sinnliche Erfahrung ein derart wesentlicher Aspekt von Wissen ist, dass sie praktisch durch nichts ersetzt werden kann. Jemand kann zuhören, sich Videodokumentationen und Radiofeatures anhören, Bücher lesen und Interviews, um sich über die Verletzungen zu informieren, die in all jenen Milieus grassieren, denen er oder sie nicht angehört. Das wird den Mangel an Erfahrungswissen nie völlig ausgleichen, ja nicht einmal signifikant aufwiegen. Wir haben es hier mit einer Konzeption von Wissen zu tun, die das Fühlen über das kognitive Wissen stellt. Wer nur was weiß, aber nichts fühlt, darf nicht mitreden. Wer jedoch nur fühlt, aber ansonsten keine Ahnung hat, dem würde aus dieser Position heraus niemand den Mund verbieten. Er kann ja dann immer noch darüber palavern, wie er seine Diskriminierung empfindet und was ihm spontan dazu einfällt. Das ist als Spielart von Antiintellektualismus auch nicht viel anders als das Gerede der FPÖler in den Dorfwirtshäusern, die finden, die Gscheiterln aus den Bobo-Cafés in der Stadt hätten keine Ahnung vom richtigen Leben. Diese antiintellektuelle Haltung gibt es übrigens auch in Künstlermilieus, die meinen, Kreativität käme primär vom »Fühlen«, vom »Spüren«, von der »gelebten Erfahrung« und allzu viel Nachdenken und Theoriewälzen sei eine Unart verkopfter Hirnwichser, die nie der Wahrheit des »künstlerischen Empfindens« begegnen werden.

Drittens: Nicht-Betroffene haben daher praktisch nichts Sinnvolles beizutragen

Diese ganzen rhetorischen Figuren gehen also implizit davon aus, dass Nicht-Betroffene nichts Sinnvolles beitragen können. Und wer von nichts eine Ahnung hat, soll den Betroffenen nicht auch noch blöde Ratschläge geben. Nun können Ratschläge blöder oder gescheiter sein, aber es lohnt sich doch, einmal darüber nachzudenken, ob Nicht-Betroffene tatsächlich als Ratschlaggeber unbrauchbar sind. Immerhin ist die gesamte Geschichte der Selbstermächtigung der Machtlosen durchzogen von relativ Privilegierten, die sich auf die Seite der Schwachen gestellt haben: von Friedrich Engels bis Victor Adler, von Frantz Fanon bis Simone de Beauvoir. War das ein Problem der entsprechenden Emanzipationsbewegungen? Es mag Leute geben, die das so sehen, ich würde diese Meinung allerdings nicht unbedingt teilen. Ganz praktisch betrachtet, muss man sehen: Dass jemand wegen seiner sexuellen Identität Diskriminierung erfährt, heißt zum Beispiel noch lange nicht, dass er* oder sie* oder * sehr viel Ahnung davon hat, wie man Diskriminierung wirksam bekämpft. Jemand, der die Geschichte der deutschen Frauenbewegung oder der amerikanischen Black Panthers kennt und auch noch eine juristische Ausbildung, dafür aber keine eigene Erfahrung mit sexueller oder rassistischer Unterdrückung hat, kann hier vielleicht dennoch ein paar wertvolle Gedanken beisteuern. Also, auch dieses Argument hält einer Überprüfung nicht stand, die über das, wie man in Österreich sagt, No-na-Argument hinausgeht, dass man sich depperte Ratschläge eher spart, klügere vielleicht besser nicht und dass man beim Vortrag der eigenen Meinung auch berücksichtigen sollte, mit wem man spricht. Was klüger und was depperter ist, lässt sich allerdings am besten diskursiv ergründen, steht also nicht vor dem Sprechakt schon fest.

Viertens: Wie stellen wir uns Kommunikation in einer pluralen Gesellschaft überhaupt vor?

Das Postulat, Betroffenheit qualifiziere besonders zum Sprechen, steht also auf äußerst dünnen Beinen. Gänzlich unhaltbar wird es, wenn man sich klarmacht, worauf es, radikal zu Ende gedacht, hinausläuft: einen Zustand nämlich, wo wir irgendwann in völlig segmentierten Sprechgesellschaften leben. Zu jedem x-beliebigen Thema dürften nur – mal größere, mal kleinere – Betroffenen-Communitys sprechen, die sich im schlimmsten Fall auch noch aussuchen, wer aus ihrer Mitte mitreden soll (nämlich wer dem gerade vorherrschenden Common Sense des betreffenden Submilieus am besten nach dem Mund redet). Es gäbe dann kein gesellschaftliches Gespräch mehr, sondern nur noch einen Jahrmarkt der Meinungen, wo jede Community ihren Stand hat. Alle posaunen irgendetwas hinaus und verbitten sich jede diskursive Einmischung in ihr je eigenes Feld. Der Verdacht liegt nahe, dass das die Luft nicht besser machen würde.

Realitätstauglicher dürfte folgende Haltung sein: Ein Machtgefälle, das den einen privilegierte Sprecherpositionen einräumt, gehört bekämpft – indem man den bislang Ungehörten zuhört. Indem man nicht nur zuschaut, wie sie sich Plattformen erkämpfen, sondern sie dabei auch aktiv unterstützt. Aber in einem gesellschaftlichen Diskurs darf jeder und jede mitreden. Sogar Unsinn ist erlaubt. Es gibt kein Wissen, das andere Wissensarten aussticht. Empfindungen haben keine größere »Wahrheit« als Resultate intellektuellen Bemühens. Empathie ist keine Unmöglichkeit, sondern muss gerade als Voraussetzung eines sinnvollen gesellschaftlichen Gesprächs eingefordert werden.

Nicht die Identitätspolitik ist also das Problem und auch nicht die Tatsache, dass junge Leute aus diskriminierten Minderheiten ihr Recht einfordern, nicht nur gleiche Rechte zu haben, sondern auch gleichberechtigt repräsentiert zu sein. Und schon gar nicht ist die politische Korrektheit das Problem, also das Insistieren darauf, dass man niemanden vorsätzlich herabwürdigen soll. Das Problem sind vielmehr bestimmte Strategien, die nicht immer, aber gelegentlich damit einhergehen: eine Rhetorik, die spaltet; eine Sprache, die sich demonstrativ von der Sprache der einfachen Leute absetzt und damit nicht nur die kommunikativen Fäden zu weiten Teilen der Bevölkerung kappt, sondern den Menschen auch noch mit Hochmut und Arroganz kommt. Der Irrglaube, dass nur Betroffene das Recht haben, sich zu artikulieren, schürt unnötige Konflikte innerhalb der progressiven Koalition, die es eigentlich zu etablieren gälte. Und führt oft zu dem skurrilen Phänomen, dass Anhänger einer besonders auf Minoritäten orientierten Politik heute die Solidarität von Leuten einfordern, denen sie gestern noch haben ausrichten lassen, dass sie doch bitte die Klappe halten sollen. Im schlimmsten Fall schleichen sich dann Kleingruppenmentalität und Sektierertum ein.

Hinzu kommt ein Aspekt, auf den Joan C. Williams aufmerksam gemacht hat: Viele dieser identitätspolitischen Konzepte sind mit der Logik der Menschenrechte verlinkt, und gerade das war überhaupt erst die Grundlage ihres Erfolges. Die Rechte von Migranten, von Minderheiten, von Frauen, Schwulen, Lesben wurden, da sie ja den Kern des »Ichs« der Menschen berühren, als Menschenrechtsthematik verhandelt, was sie von sozialen Konflikten, etwa um höhere Löhne, unterscheidet. Williams: »Die Menschenrechtsrhetorik wurde ursprünglich als eine Sprache entwickelt, die klarmacht, dass Genozide und Verbrechen gegen die Menschlichkeit immer unmoralisch sind. Das führte uns zu Recht zu der Auffassung, dass es in diesen Fragen ›keine Kompromisse geben darf‹ und dass Menschenrechte immer absolute Priorität haben sollten. Aber diese manichäische Haltung ist gefährlich für Koalitionen. Die meisten politischen Themen sind eben nicht vergleichbar mit Menschenrechtsverletzungen, etwa dass Oppositionellen die Fingernägel ausgerissen oder ganze Bevölkerungsteile ausgerottet werden. Bei den meisten politischen Streitfragen, auch wenn sie Minderheiten betreffen, geht es um Aspekte, zu denen total anständige Leute unterschiedliche Ansichten haben können.«[11]

Überspitzt formuliert: Ich bin sehr dafür, dass Schwule und Lesben heiraten dürfen. Ich denke aber nicht, dass jemand, der aufgrund seines konservativen Weltbildes meint, dass es eine »eingetragene Partnerschaft« auch tut, ein Menschenrechtsverletzer vom Schlag eines Augusto Pinochet ist. Genauso gibt es in Fragen der »Affirmative Action« unzählige Möglichkeiten und Graustufen, so dass hier zwischen gutwilligen Menschen mit unterschiedlichen Ansichten sehr wohl »Kompromisse« möglich sind – im Unterschied zu Fragen wie Folter, Genozid oder Ähnlichem.

Eine Verschärfung der Rhetorik kann im Extremfall dazu führen, dass verschiedene Bataillone nur mehr aufeinander einschlagen, was dann unter Umständen so weit gehen kann, »dass keine Seite mehr glaubt, dass die andere Seite es ehrlich meint«.[12] Schon bei kleinen Differenzen ist man dann mit antagonistischen Streitparteien konfrontiert, die sich gegenseitig die schlechtesten Absichten unterstellen.

Menschen mit unterschiedlichen Ansichten, Hintergründen, instinktiven Haltungen, Lebensstilen usw. können durchaus Teile von Allianzen sein. Genau genommen zeichnen sich Allianzen genau dadurch aus, denn ein Bündnis von mir und meinen drei besten Freunden, die alle exakt gleich denken wie ich, ist keine Koalition. Wenn etwas an der Identitätspolitik ein Problem ist, dann die sektiererische Rigidität mancher ihrer lautstarken Vertreter. »In der demokratischen Politik ist es selbstmörderisch«, schreibt Mark Lilla, »wenn man die Latte für das Maß an Übereinstimmung höher legt, als notwendig ist, um Anhänger und Wahlen zu gewinnen«.[13]

Bestimmte Ausprägungen der Identitätspolitik tragen dazu bei, den Graben zwischen linken Aktivistenmilieus (und

Parteien) und den arbeitenden Klassen zu vertiefen. Unsinnig ist jedoch das Argument, sie allein wäre für diesen Graben verantwortlich. Die linken Parteien haben ja nicht begonnen, eine falsche Wirtschaftspolitik zu machen und die sozialen Interessen der weißen Arbeiterklasse zu ignorieren, *weil* sie der Ansicht waren, dass Zuwanderer nicht mehr wie der letzte Dreck behandelt werden oder dass auch Schwule heiraten können sollten. Es sind meist auch nicht die Aktivisten der Identitätspolitik, die beim Nobelitaliener an einem Abend schon mal das halbe Monatsgehalt einer Supermarktkassiererin ausgeben oder für einen Vortrag einen fünf- oder sechsstelligen Eurobetrag einstreichen, sondern viel häufiger aktive oder ehemalige Minister klassischer Mitte-links-Parteien. Niemand hat Sigmar Gabriel daran gehindert, sich der Bergleute und der kleinen Friseurin und des Paketausfahrers anzunehmen – schon gar keine Feministinnen oder Antiabschiebungsaktivisten. Die Identitätspolitik ist nicht dafür verantwortlich, dass viele Menschen, die sich als »einfache Leute« verstehen, das Gefühl haben, von den Parteien der hergebrachten Linken hingehängt worden zu sein. Aber die Identitätspolitik kann dazu beitragen, diese schon vorhandenen und begründeten Entfremdungen zu verstärken. Indem sie den Populisten und Extremisten die Möglichkeit gibt, die Linken als abgehobene Spinner hinzustellen, die irgendwelche unbedeutenden Sprachoperationen betreiben, sich wie abgehobene Hohepriester aufführen und die zwar keine Ideen haben, wie man die Verhältnisse für die einfachen Leute verbessern könnte, dafür aber umso mehr Ideen zur Verbesserung der einfachen Leute. Und sich selbst können diese rechten Extremisten dann umso leichter als Vertreter der »normalen Leute« präsentieren. Wo linke Identitätspolitik den »einfachen Leuten« sagt, »Ihr müsst euch ändern«, signalisieren rechte Populisten ihnen: »Ihr seid okay, so wie ihr seid.« Das ist letztendlich das Fundament ihres Erfolges.

Schluss: »Man muss die Leute gernhaben«

> [D]er Adel der Menschheit leuchtet uns aus den von der Arbeit verhärteten Gestalten entgegen.
> *Karl Marx,* Ökonomisch-philosophische Manuskripte *(1844)*

»Man muß die Leute gern haben« – das war das Motto des großen österreichischen Sozialisten Bruno Kreisky. »Man muß die Leute gern haben – dieses Wort Victor Adlers war von früh auf mein ethischer Grundsatz in der Politik«, schreibt Kreisky dazu in seinen Lebenserinnerungen.[1] Der vorliegende Essay trägt den Titel *Die falschen Freunde der einfachen Leute*, und bisher war darin vor allem von den »einfachen Leuten« die Rede: von den Verwundungen, die sie verspüren, den Werten und Normen, die sie teilen, dem egalitären Geist, der sie prägt, und erst in zweiter Linie von den vermeintlichen Freunden, die sich derzeit an sie ranschmeißen. Man hätte das Buch genauso gut »Die einfachen Leute und ihre falschen Freunde« nennen können. Das Ziel bestand vor allem darin, die zeitgenössischen Wirklichkeiten der arbeitenden Klassen zu schildern.

Wir haben die Worte jenes Mannes aus der Arbeiterklasse im Ohr, der manche Meinungen seiner Verwandten für intolerabel hält, aber nicht glaubt, »dass seine Familienmitglieder schlechte Leute sind«. Doch was heißt das eigentlich, wenn man genauer darüber nachdenkt? Kann denn jemand verwerfliche Ansichten hegen und dennoch »das Herz am rechten Fleck haben«, wie man so salopp sagt? Selbstverständlich ist das möglich. Menschen können das Herz am rechten Fleck haben und – beispielsweise – verhetzt sein. Das ist die simpelste aller denkbaren Möglichkeiten: dass Menschen wegen ihrer Frustrationserfahrungen empfänglich sind für Hassprediger, die ihre Wut auf noch Schwächere, auf Migranten oder Arme lenken. Ganz gewiss ist das ein Aspekt unserer Lage, und er wird durch die neuen Kommunikationstools, die Hassindustrie in den sozialen Medien noch verschärft. Es entsteht ein Echoraum, in dem die Ungehörten mit jenen kurzgeschlossen werden, die sich als ihre Stimme ausgeben, und in diesem Echoraum kommt dann ein Aufschaukelungsmechanismus in Gang, dem täglich Dosis für Dosis neues Gift zugeführt wird. Das verändert Haltungen – beziehungsweise: Das produziert Haltungen, die sonst gar nicht da wären. An dieser Deutung ist alles richtig, sie greift aber dennoch zu kurz.

Denn die Empfänglichkeit für diese Haltungen wäre nicht da, wären nicht ein paar Vorbedingungen erfüllt. Das Ganze funktioniert nur, wenn die Menschen ihre Existenz und ihre Einstellungen als abgewertet empfinden und sie ein instinktives Gefühl dafür haben, wer sie abwertet: Eliten, moderne Mittelschichten, Teile der eigenen Klasse, jene, die sie vielleicht bis vor gar nicht so langer Zeit als ihre natürlichen Repräsentanten angesehen haben. Zu dieser psychopolitischen Konstellation muss eine handfeste ökonomische Bedrängnis kommen mitsamt der zumindest plausiblen Interpretation, ohne eigenes Verschulden in diese Lage manövriert worden zu sein. Und wenn man dem zunächst gefühlsmäßigen Urteil zuneigt, dass Menschen selbst dann, wenn sie intolerable Meinungen teilen, nicht unbedingt »schlechte Menschen« sein müssen (dass sie also im Umkehrschluss im Kern »gut« sind), sollte man sich überdies klarmachen, dass diese Haltungen aus Werten und Normen entspringen, aus Lebenserfahrungen und Weltdeutungen, die in einigen sehr gewichtigen Punkten durchaus verständlich und nachvollziehbar sind, und dass, kratzt man ein wenig an der Oberfläche, oft sympathische Menschen zum Vorschein kommen. Eben Menschen, die »eigentlich« das Herz am rechten Fleck haben.

Diese Menschen hängen oft Werten an, die mit Begriffen wie »Gleichheit«, »Gerechtigkeit«, »Gemeinschaft« verbunden sind, und handeln in ihrer alltäglichen Lebensführung entsprechend. Sie sind sehr oft warmherzig, regen sich über Ungerechtigkeiten auf, sind spontan dabei, wenn jemand Hilfe braucht. Wenn solche Menschen in die Arme falscher Freunde getrieben werden, dann tut man gut daran, die Schuld nicht primär bei ihnen zu suchen, sondern in einer kritischen Selbstbefragung zu überlegen, inwiefern ihre Reaktion verständlich ist. Von dieser Grundüberlegung ist dieses Buch getragen. Und von der immer wieder unterstrichenen Überzeugung, dass einfache Antworten in die Irre führen: Es gibt dafür nicht den einen Grund, sondern mehrere. Ökonomische Bedrängnis und Abstiegserfahrungen spielen hier mit psychopolitischen Faktoren wie kultureller Entfremdung und Abwertungsgefühlen zusammen, also etwa dem Empfinden, permanent beschämt oder als »nicht okay« hingestellt zu werden. Es gibt eine Art »Klassismus«, wo Leute von ökonomisch Privilegierteren arrogant abgewertet werden, weil sie einer niedrigeren Klasse angehören; Robert Castel spricht an der Stelle gar von »Klassenrassismus«.[2] Dieser Begriff hat eine fragwürdige Seite, weil die Deutung mitschwingt, das wahre Problem der arbeitenden Klassen sei ihre symbolische Abwertung und nicht ihre Lage. Natürlich wäre es absurd zu behaupten, die Armen wären schon besser dran, wenn man sie achten würde (denn wirklich besser dran wären sie erst dann, wenn sie nicht mehr arm wären). Aber schlechte Jobs, kleine Einkommen, das Gefühl, austauschbar und Respektlosigkeit ausgesetzt zu sein, gehen Hand in Hand. »Klassismus« ist nicht das Hauptproblem der arbeitenden Klassen, aber er fügt sich in vielgestaltige Problemlagen ein.

Auch für den Rassismus innerhalb der arbeitenden Klassen gilt: Er ist vorhanden und kann derart menschenverachtende, bösartige Züge annehmen, dass sich an ihm schwer etwas schönreden lässt. Zugleich folgt seine Virulenz aber nicht allein aus der Tatsache von Migration sowie der Konfrontation mit Fremdheit, und auch nicht nur aus der tatsächlichen Konkurrenz um knappe Güter. Das Thema »Migration« wird in eine größere Perspektive der Weltdeutung integriert und gewinnt dadurch erst einen Teil seiner scheinbaren oder tatsächlichen Zentralität. Diese Deutung geht so: »Die Eliten setzen uns dem Zusammenleben mit Armutsmigranten aus, was unsere Kinder Chancen kostet und uns eine verschärfte Konkurrenz um Jobs, Wohnungen usw. beschert, während *die* leicht reden haben, denn *die* interessieren sich ja nicht dafür, wie es bei uns zugeht. Kinder und junge Männer aus diesen Milieus werden immer frecher, sie halten sich nicht an unsere Regeln, aber wenn wir dieses konkrete, für uns belastende Verhalten benennen, dann werden wir nicht ernst genommen, im Gegenteil: Schon die bloße Beschreibung dessen, was in unseren Lebenswelten vorgeht, wird mit dem Begriff ›Rassismus‹ belegt, um uns mundtot zu machen.« In dieser Interpretation, könnte man mit einiger Berechtigung sagen, ist aber der Deutungsrahmen »einfache Leute vs. Eliten« primär, während der Deutungsrahmen »Xenophobie« sekundär ist. Möglicherweise verhält es sich auch umgekehrt. Wahrscheinlich ist es in der realen Welt so, dass bei den einen das eine primär ist, bei den anderen das andere.

Empathie bedeutet, diese Prozesse wenigstens verstehen zu wollen.

Menschen sind, wie sie sind. »Es ist schade, dass diejenigen, die die Arbeiterklasse idealisieren, es so oft für nötig halten, alles Charakteristische an ihr zu loben«, sagte der große Volksfreund George Orwell einmal.[3] Man muss die Menschen zunächst einmal so nehmen, wie sie sind, mit ihren guten und ihren weniger guten Seiten. Mit ihren menschenfreundlichen Instinkten genauso wie mit ihren Engstirnigkeiten, mit ihren Ängsten und Werten, die sich aus vielen Quellen speisen. Vielleicht bestand die größte historische Leistung der Arbeiterbewegung darin, dass es ihr gelang, eine fragile Allianz aus einer unaufgeklärten Unterschicht, Handwerkern, gut ausgebildeten Facharbeitern, demokratischen und liberalen Mittelschichten sowie reformorientierten Intellektuellen zu schmieden. Innerhalb dieses Bündnisses haben die nichtproletarischen Milieus den egalitären Gemeinschaftsgeist der arbeitenden Klassen genossen, während die Arbeiter und Arbeiterinnen ihrerseits stolz darauf waren, »bessere Leute« auf ihrer Seite zu haben, Leute wie Victor Adler, den aus dem Bürgertum stammenden Begründer der österreichischen Sozialdemokratie, der ganz allgemein nur als »unser Doktor Adler« bekannt war. In ihren besten Zeiten hatte diese Allianz die psychopolitische Dynamik auf ihrer Seite, konnte man sich doch gemeinsam gegen die hergebrachten Eliten positionieren, die die arbeitenden Klassen unaufgeklärt, ohne Wissen und ohne Wahlrecht lassen wollten. Auch damals wollten die liberalen Verbündeten der arbeitenden Klassen die Arbeiter und Arbeiterinnen »verändern«. Arbeiterbildungsvereine sollten Bildung vermitteln, aber auch einen Geist des Humanismus. Die Parole lautete »Wissen ist Macht«, und kein Mensch wäre auf die Idee gekommen, irgendwelche abgehobenen »Tugendterroristen« hätten es darauf abgesehen, die »einfachen Leute« zu »erziehen«. Das spielte zwar ebenfalls eine Rolle, aber die Spielanordnung der gesamten Operation war so, dass das nicht als herablassende Überheblichkeit angesehen wurde, sondern als ein selbstverständliches Element einer Gesellschaftsreform, deren Ziel darin bestand, die Lage der arbeitenden Klassen zu verbessern.

Womöglich ist alles sogar noch viel simpler: Menschen spüren, ob man sie im Wesentlichen mag oder ob man sie im Wesentlichen verachtet. Ob man Teil ihrer Gemeinschaft sein oder nichts mit ihnen zu tun haben will. Die »Gesellschaft der Singularitäten«, von der der Soziologe Andreas Reckwitz spricht, führt nicht nur zu einer kulturellen Polarisierung und dem seltsamen Streben danach, »etwas Besonderes« zu sein, sie führt auch nicht allein zu der zeitgenössischen Pathologie, dass die, denen »Einzigartigkeit abgesprochen wird«,[4] als »wertlos« betrachtet werden und sich dann auch selber »wertlos« vorkommen. Sie führt vor allem dazu, dass das Subjekt, das sich als einzigartig setzt, nur ja nichts mit dem »einfachen Volk« zu tun haben will, diesem demonstrativ amorphen Gegenteil des Besonderen. Dies ist die Quelle jener Arroganz, die dann wiederum von denen, die sich als »die Normalen« betrachten, mit Recht als Herablassung wahrgenommen wird und die den extremen Rechten das Scheunentor öffnet für ihre Botschaft: »Ich bin deine Stimme.«

Die Werte der arbeitenden Klassen kommen aus ihren Lebenserfahrungen, aus tradiertem Hausverstand, aus dem Wunsch, nicht gegängelt werden zu wollen, aus einem instinktiven »Wir«-Gefühl, und diese Werte waren immer voller Ambiguitäten. Eine bestimmte Art von Humor gehörte dazu, der Schenkelklopfer, ein Männlichkeitsideal, das Gescherze im Umkleideraum. Aber auch die Überzeugung, dass man nur auf das stolz sein kann, was man selbst erreicht hat. Auch eine gewisse Art von Härte. Wie alle Menschen sind die Leute aus den arbeitenden Klassen dabei stets Rollenkonflikten ausgesetzt gewesen, was nichts anderes heißt als: Sie waren häufig mit sich selbst nicht identisch. So haben etwa Generationen von Arbeitermännern versucht, »zwei verschiedene Rollen auszufüllen«, schreibt Selina Todd: »Die erste war die des Familienernährers. Die zweite war der unabhängige, zähe, arbeitende Mann: zäh und selbstbewusst.«[5] Zärtlichkeit und Zuneigung gehörten dazu ebenso wie Härte und Rohheit. »Ich wünschte«, schreibt Joan C. Williams, »Männlichkeit würde anders funktionieren. Aber die meisten Männer, wie die meisten Frauen, wollen die Ideale realisieren, mit denen sie groß geworden sind. Für viele aus der Arbeiterklasse ist alles, was sie wollen, eine grundlegende menschliche Würde [...]. Arbeiterklassemännern zu erklären, dass die Rolle des Brotverdieners altmodisch ist und aufgegeben werden sollte, wird zu nichts anderem als dazu führen, dass sie den Feminismus wirklich hassen.«[6]

Das heißt übrigens nicht, dass sich diese Werte nicht verändern, sie verändern sich vielleicht sogar schneller, als wir glauben. Die »Gendergerechtigkeit« in der Haushaltsführung und bei der, wie es neuerdings auch heißt, Care-Arbeit in der Familie ist heute in den arbeitenden Klassen markant höher als in der Mittel- und in der Oberschicht. Aber auch diese praktischen Veränderungen werden dann in die Selbstdeutungen der Arbeiterklassenmoral eingepasst, etwa dass man »einfach anpackt«, ohne »viel darüber zu reden«. Während Upper-Class-Männer wortreich über Gleichberechtigung dozieren, fahren Arbeiterklassemänner los und holen ihre Kinder vom Hort oder von der Schule ab, räumen die Spülmaschine aus und kochen, während ihre Partnerin in der Spätschicht ist. Meinungsforscher haben herausgefunden, dass sich aufgrund der demografischen Veränderungen der vergangenen Jahrzehnte sogar ein eigentümlicher »Feminismus« der Arbeiterklasse herausgebildet hat: Herrschte früher die Auffassung vor, die Söhne sollten etwas lernen, bei den Mädchen sei das nicht so wichtig, weil die ja sowieso heiraten würden, ist von dieser Auffassung in der Ära der Ein-bis-zwei-Kinder-Normalfamilie kaum mehr etwas übrig. Zwar hängt der durchschnittliche Fließbandarbeiter oft noch alten Männlichkeitsbildern an, zugleich will er aber, dass seine Tochter gleiche Chancen hat, nicht in ihrem Fortkommen behindert wird und am Arbeitsplatz keinen sexuellen Belästigungen ausgesetzt ist.

All das sind die wirklichen Werte und Normen der »einfachen Leute«. Will man eine egalitäre Welt, muss man mit den real existierenden Gerechtigkeitsgefühlen rechnen, die jene hegen, die nicht auf die Butterseite des Lebens gefallen sind.

Gerade wenn man Werte, Haltungen und Meinungen beeinflussen will, ist empathisches Verständnis eine Grundvoraussetzung. Besonders dann, wenn vorhandene Ansätze eines Solidaritätsgefühls zwischen der einheimischen und der zugewanderten Arbeiterklasse gestärkt werden sollen, müssen die Verwundungen und Verletzungserfahrungen der jeweils anderen Seite verstehbar übersetzt, erklärt und verstanden werden. Gegängelt und herumkommandiert, wegen Sprachdefiziten wie ein Idiot behandelt, im Bewusstsein der eigenen Austauschbarkeit nur für die dreckigsten und härtesten Arbeiten eingesetzt zu werden, Arbeiter zweiter Klasse zu sein – das ist die Erfahrung, die die migrantische Arbeiterklasse macht. Ihre Kinder wiederum werden vom Kindergarten an als Fremde behandelt, die nicht dazugehören und auch nie dazugehören werden, mögen sie sich noch so sehr anstrengen. Sie sind rassistischer Abwertung und Stigmatisierung ausgesetzt, werden selten als Individuen, meist dagegen als Repräsentanten eines Allgemeinen, nämlich ihrer Ethnie wahrgenommen, sind zunächst nie Ayse oder Mehmet, sondern »die Türkin« oder »der Moslem«. Während bei der Mehrheitsgesellschaft Ethnizität unsichtbar ist, ist bei ihnen Ethnizität immer zentral. Die Verwundungen durch Klasse, die auch die einheimischen Arbeiterkinder gut kennen, erleben sie in noch einmal radikalisierter Form. Gerade weil sie sich integriert fühlen, ertragen sie ihre objektive Nichtintegration nur schwer und sehen nicht ein, warum sie die Zurückweisungen akzeptieren sollen, die ihre Eltern noch stumm ertragen und runtergeschluckt haben. Wenn dann abweichendes Verhalten, gar Devianz herauskommt und Selbstabkoppelung in ethnischen Parallelgesellschaften, ist das ein sozial produziertes Verhalten – der bekannte Kreislauf, der exakt das Verhalten hervorbringt, das erwartet wird. Selbst religiöse Radikalisierung ist dann gar nicht so überraschend: Wer dauernd gesagt bekommt, er gehöre hier nicht her, ist am Ende empfänglich, wenn einer kommt und sagt: »Der Islam ist die Lösung.« Es ist verstehbar und auch verständlich, genau wie es absolut verständlich ist, dass eine einheimische Arbeiterklasse, der man täglich vermittelt, dass es für sie nichts mehr zu gewinnen gibt, zu dem Schluss gelangt: »Ich kümmere mich nur um mich selbst, denn der andere ist ein potenzieller Konkurrent.«

Oft gleichen sich Muster, die als kulturell unterschiedlich gelten, in Wirklichkeit beinahe aufs Haar. Die heimische Arbeiterklasse hält viel von Familiensinn und pflegt den Kontakt mit der Verwandtschaft, nicht zuletzt weil die Familie ein überlebensnotwendiges Unterstützungsnetzwerk darstellt, wenn einem das Geld fehlt, um sich die Unterstützung am Markt zu kaufen; weil sie ein Sicherheitsnetz für Notfälle ist; und weil sie ein Safe Space der Vertrauten ist, der auch vor Verletzungen abschirmt. Es ist sicherer, mit Leuten rumzuhängen, die man ewig kennt, wenn man Jobs hat, mit denen man nicht prahlen kann, wenn man Müllmann ist, anderer Leute Toiletten putzt oder die Abwasserinstallation macht. Familie und Kreise kulturell Ähnlicher als Sicherheitsnetz – wenn sich Zuwanderer in Familienverbänden oder Ethno-Communitys verpuppen, ist das letztendlich nichts anderes.

Ein Zuwanderer, der vor dreißig Jahren als »Gastarbeiter« nach Wien kam, hier dreißig Jahre in der Fabrik schuftete und den Aufstieg zum gefragten Facharbeiter schaffte, sagte mir einmal: »Die Sozialdemokratie war sehr erfolgreich darin, den Menschen Wohlstand zu verschaffen. Aber sie ist daran gescheitert, ihnen das Gefühl zu geben, dass dieser Wohlstand sicher ist.« Sicherheit ist der Boden, auf dem sich Solidarität entfalten kann. Unsicherheit hingegen ist der Treibstoff eines Konkurrenzgefühls und damit einer aggressiven Stimmung, die sich ins Gemeinwesen frisst. Ökonomische Unsicherheit, die sich mit neuen Klassendiskriminierungen, mit kulturellen Abwertungen paart, ist eine tickende Zeitbombe. In Großbritannien fragten Forscher 1938 ausgewählte Probanden, was sie als entscheidend für »Glück« betrachteten. »Sicherheit« war die häufigste Antwort. 2014 haben Forscher dieselbe Untersuchungsanordnung noch einmal wiederholt. »Sicherheit« lag abermals an der Spitze – gefolgt von »Gleichheit«.[7]

Der ultrarechte Jurist Carl Schmitt hat einmal bemerkt, dass sich am Ende jede politische Philosophie auf ein Menschenbild zurückführen lasse – ein entweder »positives« oder aber »negatives« (»skeptisches«) Menschenbild. Ein positives Menschenbild hält die Menschen für im Grunde gut, vernunftbegabt, auf Kooperation gestimmt und allenfalls durch die gesellschaftlichen Umstände verroht; ein negatives Menschenbild hält die Menschen für egozentrisch, auf ihren Vorteil bedacht, letztendlich für asozial. Daher müsse man sie, so Schmitt weiter, durch den Staat und starke Institutionen in Schach halten. Lasse man ihnen zu viel Bewegungsfreiheit, würden sie am Ende den Nachbarn totschlagen. Auch wenn das etwas grob gedacht wirkt, ist da natürlich etwas Wahres dran: Progressive Haltungen kommen ohne ein positives Menschenbild nicht aus. Für die Freiheit und die Selbstregierung aller Menschen kann man sich schlecht einsetzen, wenn man befürchtet, dass die Menschen diese Freiheit nutzen könnten, um sich gegenseitig umzubringen.

Ein positives Menschenbild ist aber nicht nur ein philosophisches Hirngespinst. Es basiert auf Erfahrungen, auf Begegnungen, auf Einfühlung. Gerade in den unteren Klassen gibt es etwas, das dieses positive Menschenbild ganz real stützt. Einen egalitären Instinkt. Einen kooperativen Gemeinschaftsgeist. Zusammenhalt. Empathie mit jenen, denen Ungerechtigkeit widerfährt. Hilfsbereitschaft. Die Bereitschaft, den Anderen, hat man ihn zumindest ein wenig beschnuppert, als Gleichen anzuerkennen. Die Bereitschaft, auch Anderssein zu akzeptieren, die Leute zu nehmen, wie sie sind. Eine Aversion gegen alle Hochnäsigkeit. Ein Gefühl dafür, was jedem Menschen zusteht: Respekt, Sicherheit und ein bisschen Glück im Leben. All das macht die »Kultur der popularen Klassen« aus, auch dann, wenn der Blick darauf zeitweilig verstellt ist, auch dann, wenn sich Gegeneinander und Gehässigkeit einschleichen. All das ist keine Fantasie und keine Kopfgeburt, sondern tatsächliche gelebte Erfahrung. Letztendlich stand Leuten wie Victor Adler oder Bruno Kreisky genau das vor Augen, wenn sie sagten: »Man muß die Leute gern haben.«

Anmerkungen

Einleitung:
Kleiner Mann, was nun?

1 Justin Gest, *The New Minority. White Working Class Politics in an Age of Immigration and Inequality*, New York: Oxford University Press 2016, S. 24.

1. »Eine Revolte gegen die Globalisierung«

1 Zitiert nach Albrecht von Lucke, »Demokratie ohne Volk«, in: *Blätter für deutsche und internationale Politik* (Juli 2010), online verfügbar unter: {https://www.blaetter.de/archiv/jahrgaenge/2010/juli/demokratie-ohne-volk} (alle URL Stand September 2019).

2 Pierre Bourdieu, *Politik. Schriften zur Politischen Ökonomie 2*, Berlin: Suhrkamp 2013, S. 7.

3 Colin Crouch, *Postdemokratie*, Frankfurt am Main: Suhrkamp 2008, S. 10.

4 Benjamin Barber, *Starke Demokratie. Über die Teilhabe am Politischen*, Berlin: Rotbuch 1994.

5 Zit. n. Robert Misik, »Konsens ist Gift!«, Interview mit Chantal Mouffe, in: *Falter* (17. Oktober 2007), online verfügbar unter {https://misik.at/2007/10/konsens_ist_gift/}.

6 Tony Judt, *Ill Fares the Land. A Treatise on Our Present Discontents*, London: Allen Lane 2010, S. 156.

7 Johannes Hillje, *Rückkehr zu den politisch Verlassenen. Gespräche in rechtspopulistischen Hochburgen in Deutschland und Frankreich*, Berlin: Das Progressive Zentrum 2018, online verfügbar unter: {http://www.progressives-zentrum.org/die-verlassenen/}.

8 Dani Rodrik, *Grenzen der Globalisierung. Ökonomische Integration und soziale Desintegration*, Frankfurt am Main/New York: Campus 2000.

9 David Wessel, zit. n. Prakash Loungani, »Rebel with a cause« (Juni 2016), online verfügbar unter: {https://www.imf.org/external/pubs/ft/fandd/2016/06/people.htm}.

10 Ebd.

11 Dani Rodrik, »A progressive logic of trade« (13. April 2016), online verfügbar unter: {https://www.project-syndicate.org/commentary/progressive-trade-logic-by-dani-rodrik-2016-04?barrier=accesspaylog}.

12 Lawrence Summers, »Global trade should be remade from the bottom up«, in: *Financial Times* (10. April 2016), online verfügbar unter: {https://www.ft.com/content/5e9f4a5e-ff09-11e5-99cb-83242733f755#axzz48Xq4XXKK}.

13 Rodrik, »A progressive logic of trade«.

14 Ebd.

15 Philip Manow, *Die Politische Ökonomie des Populismus*, Berlin: Suhrkamp 2018, S. 45.

16 Ebd., S. 11.

17 Cornelia Koppetsch, *Die Gesellschaft des Zorns. Rechtspopulismus im globalen Zeitalter*, Bielefeld: Transcript 2019, Kap. 3, Abschnitt »Die ökonomische Globalisierungsverlierer-Hypothese«.

18 Christophe Guilluy, »Das periphere Frankreich. Soziologie und Geografie des Front National«, in: Ernst Hillebrand (Hg.), *Rechtspopulismus in Europa. Gefahr für die Demokratie*, Bonn: Dietz 2015, S. 109-116, S. 111f.

19 Roman Leick, »Die da draußen gegen die da drinnen«, in: *Der Spiegel* (29. Dezember 2018).

20 Siehe Guido Mingels, »Gewissensfragen an die Welt«, in: *Der Spiegel* (29. Dezember 2018).

21 Zit. n. ebd.

22 N.N., »Kein Verlust der Werte«, Gespräch mit Christian Welzel, in: Forum. Das Wochenmagazin (9. März 2018), online verfügbar unter: {https://magazin-forum.de/de/node/8154}.

2. Die arbeitenden Klassen – gibt's die noch?

1 Joan C. Williams, »What so many people don't get about the U.S. working class«, in: *Harvard Business Review* (10. November 2016), online verfügbar unter: {https://hbr.org/2016/11/what-so-many-people-dont-get-about-the-u-s-working-class}.

2 Joan C. Williams, *White Working Class. Overcoming Class Cluelessness in America*, Boston: Harvard Business Review Press 2017, Kap. 1.

3 Ebd.

4 Ebd., Kap. 3.
5 Ebd.
6 George Lakoff/Elisabeth Wehling, *Auf leisen Sohlen ins Gehirn. Politische Sprache und ihre heimliche Macht*, Heidelberg: Carl Auer 2008, S. 43.
7 Zit. n. Mike Savage, *Social Class in the 21st Century*, London: Penguin 2015, S. 384.
8 Gest, *The New Minority*, S. 15.
9 Richard Sennett/Jonathan Cobb, *The Hidden Injuries of Class*, New York: Knopf 1972.
10 Gest, *The New Minority*, S. 124.
11 Ebd., S. 89.
12 Ebd., S. 113.
13 Hillje, *Rückkehr zu den politisch Verlassenen*.
14 Unveröffentlichte Studie.

3. »Eine rebellische traditionelle Kultur«

1 Edward P. Thompson, *Die Entstehung der englischen Arbeiterklasse*, Bd. 1, Frankfurt am Main: Suhrkamp 1987 [1963], S. 7.
2 Ebd., S. 208.
3 Edward P. Thompson, *Plebeische Kultur und moralische Ökonomie. Aufsätze zur englischen Sozialgeschichte des 18. und 19. Jahrhunderts*, Frankfurt am Main: Ullstein 1980, S. 70.
4 Thompson, *Die Entstehung der englischen Arbeiterklasse*, Bd. 1, S. 218.
5 Ebd., S. 219.
6 Thompson, *Plebeische Kultur und moralische Ökonomie*, S. 272, S. 275.
7 Karl Marx, »Marx an Sigfrid Meyer und August Vogt in New York« (9. April 1870), in: MEW 32, herausgegeben vom Institut für Marxismus-Leninismus beim ZK der SED, Berlin: Dietz 1974, S. 665-670, S. 668f.

4. Wie die Arbeiterklasse von den Armen zum Volk wurde

1 Selina Todd, *The People. The Rise and Fall of the Working Class*, 1910-2010, Einleitung.

2 George Orwell, *Der Weg nach Wigan Pier*, Zürich: Diogenes 2012 [1937], S. 172.
3 Todd, *The People*, Kap. 4.
4 Eric Hobsbawm, *Ungewöhnliche Menschen. Über Widerstand, Rebellion und Jazz*, München: Hanser 1998, S. 80ff.
5 Ebd., S. 81.
6 Todd, *The People*, Kap. 5.
7 Ebd.
8 Hobsbawm, *Ungewöhnliche Menschen*, S. 90.
9 Ebd., S. 89.
10 Ebd., S. 98.
11 Orwell, *Der Weg nach Wigan Pier*, S. 87.
12 Zit. n. Schul- und Kulturreferat der Stadt Nürnberg (Hg.), *Aufriss*, Heft 4: *Arbeitererinnerungen*, Nürnberg 1984, S. 96.
13 Zit. n. M. Dillon, »Foucault untersucht die Staatsräson«, Gespräch mit Michel Foucault, in: Michel Foucault, *Dits et Ecrits. Schriften*, Bd. IV: *1980-1988*, herausgegeben von Daniel Defert und François Ewald unter Mitarbeit von Jacques Lagrange, S. 47-51, S. 50.
14 Sennett/Cobb, *The Hidden Injuries of Class*, S. 53.
15 Ebd., S. 74.
16 Ebd., S. 148.
17 Pierre Bourdieu et al., *Das Elend der Welt. Zeugnisse und Diagnosen alltäglichen Leidens an der Gesellschaft*, Konstanz: UVK 1997, S. 88.
18 Sennett/Cobb, *The Hidden Injuries of Class*, S. 145ff.

5. Das Gefühl, jederzeit ersetzbar zu sein

1 Lutz Raphael, *Jenseits von Kohle und Stahl. Eine Gesellschaftsgeschichte Westeuropas nach dem Boom*, Berlin: Suhrkamp 2019.
2 Wolfgang Menz/Sarah Nies: »Fragile Sicherheiten und Legitimationsprobleme. Rechtspopulismus aus arbeitssoziologischer Perspektive«, in: *WSI-Mitteilungen* 3/2019, S. 177-184.
3 Raphael, *Jenseits von Kohle und Stahl*, S. 84.
4 Robert Castel, *Die Metamorphose der sozialen Frage. Eine Chronik der Lohnarbeit*, Konstanz: UVK 2000, S. 358.
5 Ebd., S. 282.
6 Raphael, *Jenseits von Kohle und Stahl*, S. 361.
7 Ebd., S. 360f.
8 Castel, *Die Metamorphose der sozialen Frage*, S. 384.

9 Zit. n. Margareta Steinrücke, »Soziales Elend als psychisches Elend«, in: Franz Schultheis/Kristina Schulz (Hg.), Gesellschaft mit begrenzter Haftung. Zumutungen und Leiden im deutschen Alltag, Konstanz: UVK 2005, S. 199-208, S. 200f.
10 Savage, *Social Class in the 21st Century*, S. 336.
11 Ebd., S. 261.

6. Ist die Arbeiterklasse rassistisch?

1 Veronika Bohrn Mena, *Die neue ArbeiterInnenklasse. Menschen in prekären Verhältnissen*, Wien: ÖGB Verlag 2018, S. 94.
2 Ebd., S. 157.
3 Gest, *The New Minority*, S. 146.
4 Ebd., S. 16ff.
5 Ebd., S. 55.
6 Ebd., S. 125.
7 Ebd., S. 172.
8 Williams, *White Working Class*, Kap. 6.
9 Ebd.
10 Gest, *The New Minority*, S. 135.
11 Klaus Dörre, »›Land zurück!‹ Arbeiter, Abwertung, AfD«, in: *WSI-Mitteilungen* 3/2009, S. 168-176, S. 170.
12 Ebd., S. 172.
13 Williams, *White Working Class*, Kap. 8.
14 Ebd.
15 Orwell, *Der Weg nach Wigan Pier*, S. 123.
16 Michael Shelden, *George Orwell. Eine Biographie*, Zürich: Diogenes 1993, S. 490.

7. Eine Rhetorik, die spaltet. Ambivalenzen der Identitätspolitik

1 Mark Lilla, *The Once and Future Liberal. After Identity Politics*, New York: HarperCollins 2017, S. 9.
2 Ebd., S. 59.
3 Ebd., S. 14.
4 Francis Fukuyama, *Identität. Wie der Verlust der Würde unsere Demokratie gefährdet*, Hamburg: Hoffmann und Campe 2019, Kap. 11.

5 Lilla, *The Once and Future Liberal*, S. 12.
6 Walter Benn Michaels, *The Trouble with Diversity. How We Learned to Love Identity and Ignore Inequality*, New York: Holt McDougal 2006, Einleitung.
7 Bhaskar Sunkara, »Dann sollen sie Diversität essen«. Ein Interview mit Walter Benn Michaels (Januar 2011), in: *Jacobin. Die Anthologie*, herausgegeben von Loren Balhorn und Bhaskar Sunkara, Berlin: Suhrkamp 2018, S. 21-48, S. 30.
8 Laurie Penny, *Bitch Doktrin. Gender, Macht und Sehnsucht*, Hamburg: Nautilus 2017, S. 15.
9 Orwell, *Der Weg nach Wigan Pier*, S. 171.
10 Eric Hobsbawm, *Zwischenwelten und Übergangszeiten. Interventionen und Wortmeldungen*, Köln: PapyRossa 2009, S 101.
11 Williams, *White Working Class*, Kap. 13.
12 Ebd.
13 Lilla, *The Once and Future Liberal*, S. 130.

Schluss: »Man muss die Leute gernhaben«

1 Bruno Kreisky, *Zwischen den Zeiten. Der Memoiren erster Teil*, Wien: Kremayr & Scheriau 2000 [1986], S. 131.
2 Castel, *Die Metamorphose der sozialen Frage*, S. 197.
3 Orwell, *Der Weg nach Wigan Pier*, S. 128.
4 Andreas Reckwitz, *Die Gesellschaft der Singularitäten: Zum Strukturwandel der Moderne*, Berlin: Suhrkamp 2017, S. 16.
5 Todd, *The People*, Kap. 9.
6 Williams, *White Working Class*, Kap. 11.
7 Todd, *The People*, Nachwort.

edition suhrkamp
Eine Auswahl

Bini Adamczak. Beziehungsweise Revolution. 1917, 1968 und kommende. es 2721. 313 Seiten

Bruno Amable / Stefano Palombarini. Von Mitterrand zu Macron. Über den Kollaps des französischen Parteiensystems. es 2727. 255 Seiten

Perry Anderson. Hegemonie. Konjunkturen eines Begriffs. es 2724. 249 Seiten

Zygmunt Bauman. Retrotopia. es-Sonderdruck. 220 Seiten

Michael Butter. »Nichts ist, wie es scheint.« Über Verschwörungstheorien. 271 Seiten

Colin Crouch. Gig Economy. Prekäre Arbeit im Zeitalter von Uber, Minijobs & Co. es 2742. 135 Seiten

Didier Eribon
- Gesellschaft als Urteil. Klassen, Identitäten, Wege. es-Sonderdruck. 264 Seiten
- Rückkehr nach Reims. es-Sonderdruck. 237 Seiten

Heinrich Geiselberger (Hg.). Die große Regression. Eine internationale Debatte über die geistige Situation der Zeit. es-Sonderdruck. 318 Seiten

Kristen R. Ghodsee. Warum Frauen im Sozialismus besseren Sex haben. Und andere Argumente für ökonomische Unabhängigkeit. 276 Seiten

NF 383/1/9.19

Jürgen Habermas. Im Sog der Technokratie. Kleine politische Schriften XII. es 2671. 193 Seiten

David Harvey. Rebellische Städte. es 2657. 283 Seiten

Wilhelm Heitmeyer. Autoritäre Versuchungen. Signaturen der Bedrohung 1. es 2717. 394 Seiten

Dirk Jörke. Die Größe der Demokratie. Über die räumliche Dimension von Herrschaft und Partizipation. es 2739. 282 Seiten

François Jullien. Es gibt keine kulturelle Identität. es 2718. 95 Seiten

Ivan Krastev. Europadämmerung. Ein Essay. es 2712. 143 Seiten

Bruno Latour. Das terrestrische Manifest. es-Sonderdruck. 136 Seiten

Enis Maci. Eiscafé Europa. Essays. es 2726. 240 Seiten

Philip Manow. Die Politische Ökonomie des Populismus. es 2728. 160 Seiten

Lorenzo Marsili/Niccolò Milanese. Wir heimatlosen Weltbürger. es 2736. 280 Seiten

Steffen Mau. Das metrische Wir. Über die Quantifizierung des Sozialen. es-Sonderdruck. 307 Seiten

Chantal Mouffe. Für einen linken Populismus. es 2729. 111 Seiten

NF 383/2/9.19

Jan-Werner Müller
- Furcht und Freiheit. Für einen anderen Liberalismus. 170 Seiten
- Was ist Populismus? Ein Essay. es-Sonderdruck. 159 Seiten

Oliver Nachtwey. Die Abstiegsgesellschaft. Über das Aufbegehren in der regressiven Moderne. es 2682. 263 Seiten

Hanno Rauterberg. Wie frei ist die Kunst? Der neue Kulturkampf und die Krise des Liberalismus. es 2725. 141 Seiten

Andreas Reckwitz. Das Ende der Illusionen. Politik, Ökonomie und Kultur in der Spätmoderne. es 2735. 305 Seiten

César Rendueles. Kanaillen-Kapitalismus. Eine literarische Reise durch die Geschichte der freien Marktwirtschaft. es 2737. 300 Seiten

Michel Serres. Was genau war früher besser? Ein optimistischer Wutanfall. es-Sonderdruck. 80 Seiten

Philipp Staab. Digitaler Kapitalismus. Markt und Herrschaft in der Ökonomie der Unknappheit. es-Sonderdruck. 344 Seiten

Carlo Strenger. Diese verdammten liberalen Eliten. Wer sie sind und warum wir sie brauchen. es-Sonderdruck. 103 Seiten

Philipp Ther. Das andere Ende der Geschichte. Über die Große Transformation. es 2744. 199 Seiten

David Van Reybrouck. Zink. es-Sonderdruck. 86 Seiten

Gabriel Zucman. Steueroasen. Wo der Wohlstand der Nationen versteckt wird. es-Sonderdruck. 118 Seiten

NF 383/3/9.19